京都漫遊帖

12個月的愛戀記憶

甲斐みのり

人人

前言

離開京都，在東京生活已經四年了。這段期間，在東京每當季節的變換之際，心裡總是會先想起京都來。

當換了個新的月份、環視月曆的時候，「這個月有大文字燒、納涼舊書市集」，或是「那家店快要開始販賣秋季限定的點心了」等有關京都的月曆或活動行事曆，總是會浮現在腦海之中。

到目前為止，總共居住過靜岡、大阪、京都、東京等幾個地方。每個城市都有它好的地方，我對每個城市也都抱有深厚的情感。但是，在一年之中，分為4個季節、12個月份的這個事實，讓我感受最深刻、最能體會其中樂趣的是京都。

在京都，我從土生土長的在地人、長時間居住的友人那兒，得到許多我不知道的資訊，還有可愛漂亮的事物，讓我醉心於其間，充分享受京都的魅力。

若有不知道、或想知道的事物我就會到京都走一趟，親自用眼睛和雙手確認、並感受它。

就像是許多居住在東京的人，卻沒有登上過東京鐵塔，我發現即使居住在京都的人，意外地也有許多不曾體驗過、或因為近在咫尺，反而未曾注意過的事物。

所以我想可以用「憧憬的視線」和「生活的視線」，從內與外的兩方面來看待、介紹京都。

我將美食、景點、要做什麼、要買什麼等，分為12個月份、12種享受樂趣的方式，以我對京都所懷抱的憧憬，交替著生活在此地時的回憶來為大家做導覽。

文章中雖然出現著許多的第一人稱「我」，但是希望讀者在翻閱的過程中，也會回想起自己曾經有過的感動，可以找到這本書中的每個「自己」。

在懷念京都的思緒之際、在踏上京都的旅途之中，若這本書能獲得各位的翻閱，實感致幸。

京都漫遊帖
目次

7月——通往夏天的門

8月——京都閱讀紀行

9月——憧憬的9月新娘

4月的京都是粉紅色的

櫻花的花瓣
甜味的點心
宣告都舞開演的藝妓聲音
想念著戀人所買的胭脂、口紅、髮飾
雨傘、洋裝

京都的街道、我的心
在4月都是粉紅色的
4月的眼淚也是粉紅色的

因為有想要讓男友看的東西、想要看的顏色、想要聽的聲音，所以在櫻花綻放的季節，和他一同去了京都。

「京都現在應該都已染成粉紅色了，肯定美得讓人感動到要掉眼淚。」在前往京都途中的車上，我一直向他敘說著在京都生活時候的點滴。

早上10點，從京都車站的八条口、隔著馬路的MK貴賓室前（MK Taxi）上了車。只要搭乘這心型車頂招牌加上紳士態度服務的計程車，即使只有數分鐘的搭車時間，也讓人覺得自己像個千金大小姐般，所以我很喜歡。「請到四条川頭東邊的〈まる捨〉」，我告知司機我們的目的地。

以滿滿鮮奶油的水果三明治加上鮮果汁，展開了漫步京都的序幕。能夠和他走在自己曾經生活過的街道感覺很開心，還說出了「四月的

京都就屬祇園附近一帶和東山是最漂亮的，今天跟著我走就對了」這種與平常兩人的約會模式相反的主導宣言。

邊眺望八坂的高塔，邊朝著二年坂途中的〈かさぎ屋〉前進。自從學生時代的畢業旅行，為了一嘗自己仰慕的竹久夢二所喜愛的年糕豆沙泥，一個人脫隊前來後就沒有再來過了。那個時候，穿著制服獨自要進入這家店可是個大冒險，我還在店家門前來回走了好幾趟。

邊看著夢二的水墨畫，想像夢二和彥乃在這裡度過的數個月幸福時光，和我們兩個的時間相重疊。我點了年糕紅豆濃湯，他點了年糕豆沙泥。平常不喜歡甜食的他還說要「比看看誰的年糕可以拉得最長」，顯現的比平常還要興奮。

繞了清水寺一圈，隨意逛了一下土產店後，

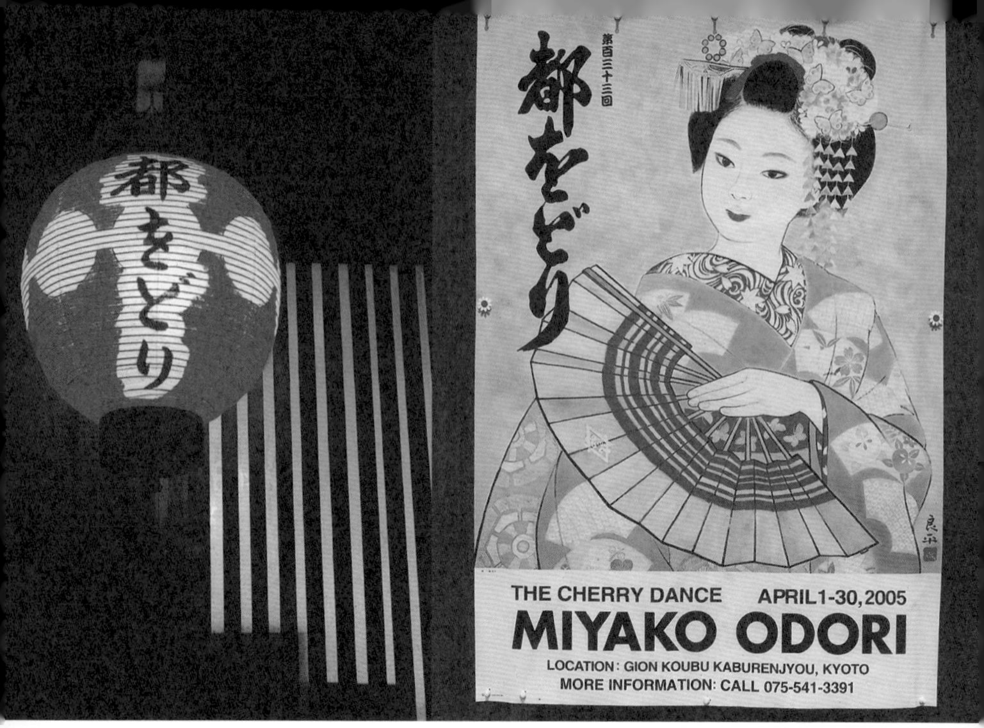

為了要觀賞祇園甲部歌舞練場於四月期間上演、描述京都即景詩的「都をどり（都舞）」，所以又再返回祇園。

「都舞」，是從我居住在京都開始，即使離開京都後的這幾年，也一定會前來欣賞的固定行程。今年是跟男友一起來的，所以特別預約了「附茶點享用券的第一排頭等席」。等到了現場男友才知道我這個秘密安排，在茶座時生平第一次，親眼見到舞妓的他感動莫名，而我則是對拿在手上，有著麻糬串花樣的盤子和抹茶碗看得出神。接著我們從茶座移到劇場，在最前方的座位等候開演時刻。

在舞妓的「都をどりはヨーイヤサー Miyako odori wa yo-i ya sa-」喊聲中揭開了布幕。這時我在心中對男友敘說著：「就是想讓你聽聽這個粉紅色的聲音」，而自己則已是感動得眼框含淚。我沉醉在舞妓的蝴蝶形腰帶和

搖曳著的髮簪，還有羞答答卻強而有力的舞蹈中，所表達出的相思之苦和深切期盼的氛圍。在落幕時我心裡邊想著「下輩子我想要當個舞妓」，邊牽起了男友的手。

懷著心滿意足的心情，閒逛了祇園附近的店家。男友為了答謝我今天的安排，所以在舞妓會光臨的店家〈幾岡屋〉，買了花朵和蝴蝶模樣的髮簪，以及在〈かづら清老舖〉買了裝飾著千鳥圖的髮梳和山茶油作為謝禮。

在逛了〈大原女家〉〈鍵善良房〉〈山田松香木店〉〈原了郭〉等店家，買了許多的土產後，我們朝著〈レディースホテル長楽館〉的方向前進。在櫻花盛開季節的八坂神社和丹山公園，總是聚集了許多賞花的人潮和販賣食物的攤販以及鬼屋等玩樂設施，很是熱鬧。

〈長楽館〉只有我一個人入住。

沒錯，正如其名，這裡是女性限定的傳統旅

館。今晚，像是被銀河般的櫻花樹隔開一般，我住在這裡，而男友則是住在離這不遠處的〈お宿 吉水〉。因為他記得我曾說過「想要住看看春天的長楽館」，所以才在這趟旅行中建議我們分開住宿。在環視了走廊、樓梯間的裝飾、照片、房間的壁紙、浴室的磁磚後，我走到了大廳等候男友的到來。

晚餐，預約了祇園餐廳〈祇園にしむら〉吧檯座位。因為看著陽剛味十足、有個性的大廚，在眼前展示俐落的手藝，大大增加了享受美食的樂趣。

在享用過這個極其奢侈的料理後，我們到了我最喜愛的咖啡館〈たんぽぽ〉。這裡，曾經是我寫情書和短詩的地方。

還有離開時在門口送客，身穿和服氣質典雅的老闆娘曾問過我「你在寫詩嗎？」，我害羞地紅了臉的珍貴回憶。

像是捨不得分開般，我們繞了遠路散步回旅館。在祇園的繩手通點燈裝飾後的夜櫻週邊，幾乎是動彈不得擠滿了人群。在排列等候櫻花樹下照像的途中，我倆不約而同瞧見盛開在幽暗川邊的薔薇。「櫻花雖然很美，但這朵紅色的薔薇也很美呢」，兩人不禁相識而笑。

隔天早上，趁著人群還稀少的時間，我們從哲學之道往南禪寺的方向走。邊走邊和他一同哼起了「ある光」「春にして君を想う」的歌，眼前是前往參加入學典禮的少年少女、拍攝紀念照的親子等，在東京時所遺忘的平常早晨風景。

從南禪寺旁的水路閣，沿著水渠道往森林裡走去，出現在眼前的是傾斜的鐵道車軌。在廢線的鐵軌上方，是一整片的櫻花。一直想要帶情人來這個淡粉色花瓣點綴的繽紛之地的這個小小願望，現在終於實現了。

走在鐵軌上，在按下相機快門的同時，詩意的情境像是勾起了男友的回憶。因為雖然是第一次造訪此地，但他卻嚷著「好懷念喔」。

差不多該回去了。兩人安排的京都逃避之旅，只有26小時。晚上就又會是身處在東京、平常的景色之中了。在坐上前往車站的計程車中，「下次要待久一點喔」兩人打了勾勾約定好再次的造訪。

京都的包裝紙

我的母親，會將百貨公司或餅乾店的漂亮包裝紙留著珍藏，並貼在筆記本當作封面。我的父親，常會得意地敘說他學生時代時，曾經做過包裝歲末和中元節禮品的打工，我要送給朋友的禮品等，父親也都會幫我包裝好。所以，每當我看到漂亮的包裝紙，就會想要給母親看看，見到繫上漂亮蝴蝶結的物品，也會忍不住想要拿給父親瞧瞧。

在京都，應該很難找到不重視「包裝」，這個兼具美學意識和價值的店家吧。正因為充滿自信的商品在包裝後，會更顯得完美，也才算是最終的完成形。

〈一保堂茶舖〉書寫著「茶經」的包裝紙，是京都本店才有、以特殊和紙印製的。以螺旋狀包覆著的圓形茶罐相當精緻，因為覺得自己一個人開封太可惜，所以將它送給了父母親。鮮豔的水藍色和東鄉青兒的繪圖相當搭配的〈喫茶ソワレ〉包裝紙，也曾經寄給母親過。

Tea Room
Soiree
NISHIKIYAMACHI DORI, SHIJO AGARU, KYOTO.
TEL (075) 221-0351 · 5359

京都的包裝紙

鋪在下面的左邊包裝紙 / ＜恵文社一乗寺店＞　禮品用的包裝紙

鋪在下面的右邊包裝紙 / ＜丸太町かわみち屋＞　蕎麥點心用的包裝紙

左邊照片 / ＜一保堂茶舗＞　茶罐用的包裝紙

右邊照片 / ＜喫茶ソワレ＞　大玻璃杯用的包裝紙

まる捨
京都市東山區祇園町北側254　TEL：075-561-8446
營業時間 9：00～18：00
公休日：週一

かさぎ屋（map1-1）
京都市東山區高台寺桝屋町349　TEL：075-561-9562
營業時間11：00～18：00
公休日：週二（遇假日則順延一天）

幾岡屋
京都市東山區祇園町南側577-2　TEL：075-561-8087
營業時間 11：30～19：00
公休日：週四

かづら清老舗
京都市東山區四条通祇園町北側285　TEL：075-561-0672
營業時間 9：30～19：00
公休日：週三（年尾年初、于蘭盆節期間照常營業）

都をどり詢問處（祇園甲部歌舞練場）（map2-3）
京都市東山區祇園町南側570-2　TEL：075-541-3391

レディースホテル長樂館（map1-2）
京都市東山區祇園丹山公園　TEL：075-561-0001

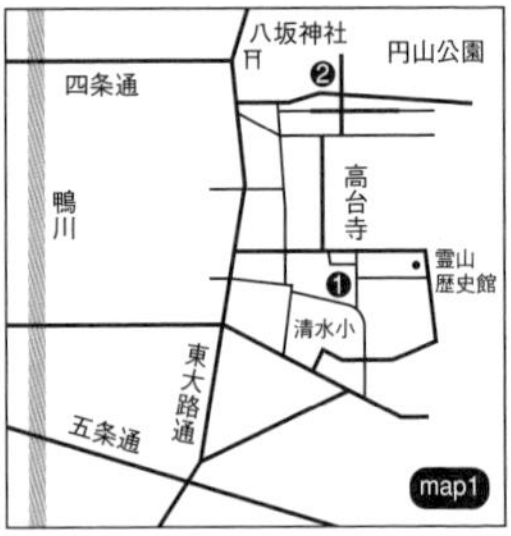

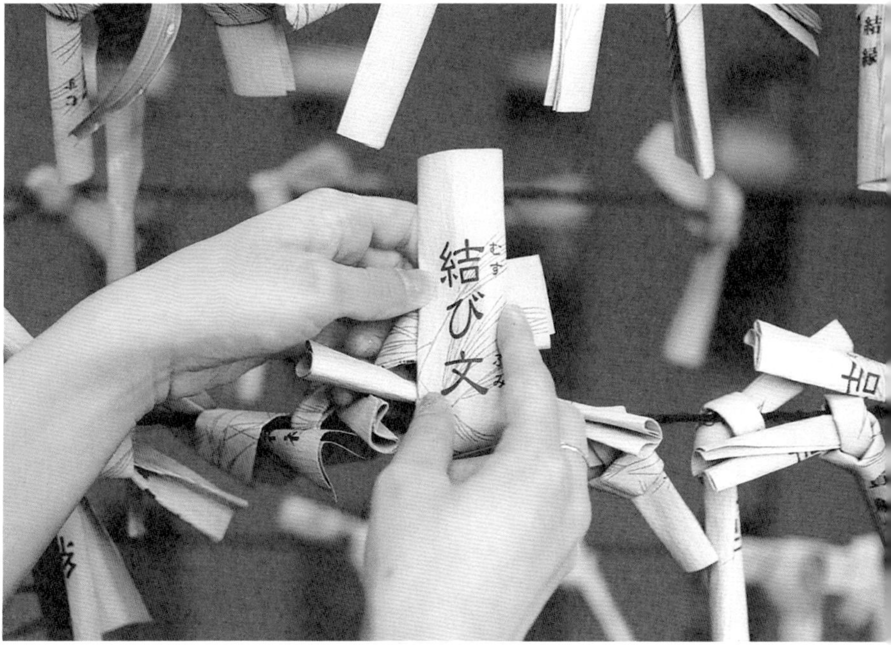

5月　少女的祈禱

想要變漂亮，想要變溫柔
想要愛人，被愛，結為夫妻。
想要牽手，想要同床共枕
想要讓他品嘗自己做的料理。
毫無止盡的交心談話
有時，沉默相視也不錯。

我喜歡從京都橋上眺望的美景
這個藍色的景色，想要讓你也看看。

在看到同樣的景色時，我一定會這麼想著。
能夠遇到你，真的很美好。

Soirée
Soiree

喫茶ソワレ

愛情、美酒和玩樂

在度過20幾歲前半段的京都生活裡，我充滿著對夢想和愛情的熱情與不安。所以，特別喜愛將年輕歲月的悲歡寄託在愛情、美酒和玩樂上的和歌詩人——吉井勇，因為他的歌詞總是能夠觸及我心中最深處的感傷。

刻有「かにかくに祇園はこひし寝るときも枕の下を水のながるる（祇園是我充滿回憶的地方，連睡夢中都不禁淚濕了枕頭。）」的歌碑，就位於祇園的白川旁。就像這首知名的和歌般，我對京都也充滿著愛戀。為了參加友人的婚禮，與許久不見的朋友們碰面而前往京都。出發前，因為想要在〈喫茶ソワレ〉閱讀在舊書店買到的、吉井勇『愛欲之酒』詩集，所以將其放進了包包裡。

我總是和朋友一起去ソワレ的。如果和男友，就會點在獨特藍光照射下閃閃發亮的Jelly Punch。和女性友人的話，就常會點小瓶的啤酒。父親也曾經帶我來過這家店，在吉井勇為了ソワレ在外牆上寫下的「珈琲の香にむせびたる夕より夢見るひととなりにけらしな（傍晚只要一聞到咖啡的香味，就會激起我許多如夢似幻的想像。）」歌碑前，我還依悉記得駐足其前朗誦歌詞的父親背影。

當時有位要好的朋友在ソワレ打工，所以即使我一個人獨自前往，只要和在工作的朋友視線相遇時就會笑出來，所以一點都不覺得是自己一個人。在客人不多的平日白天，我會選擇2樓後頭的團體座位，因為可以欣賞我最鍾愛的畫家—東鄉青兒的畫作「彩帶之女」。

在晚上即將到來的結婚典禮之前，我坐在ソワレ2樓窗戶邊的位子。點了杯咖啡，翻閱著『愛欲之酒』。「くちづけを七度すればよみがへる恋と軽んじくちづけをする（心裡想著只要親吻7次，愛情就有可能會再回頭，所以親吻了他。）」。「酒に酔ひ忘れ得るほどあはれにも小くはかなきわれの愁か（我的煩惱不過是喝醉了就可以忘卻的小事罷了。）」。「いとさむきむかしの声をまたま聞くなほほこりかに恋を語るか（只要聽到以前的那個聲音，就又會想起來那段戀情。）」。

在吉井的歌詞裡，我想起了曾幾何時的痛苦心境。在ソワレ度過的時間裡，我慢慢地閱過所有在我面前的人的臉龐。

典禮就快要開始，該起身前往了。在懷抱著對新人的結婚祝福，懷抱著愛情、美酒和玩樂的心境，懷抱著即將和友人碰面的期待以及些許的感傷下，我走出了ソワレ。

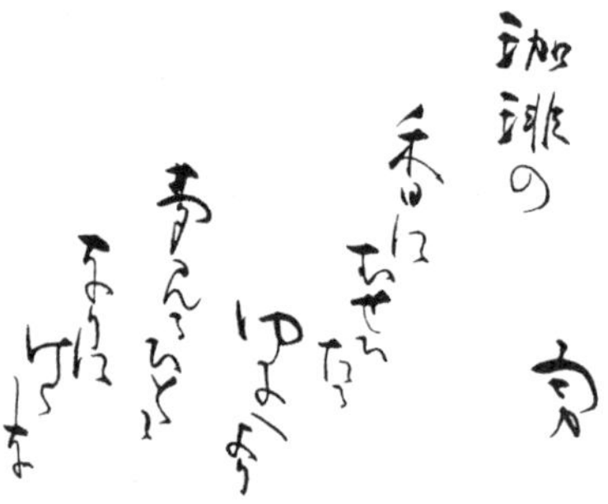

吉井勇為了ソワレ所創作的和歌。以前販售的杯墊。
從左至右為中井史郎、佐々木良三、東郷青児的畫作。ソワレ，除了東郷青児的知名畫作外，店家牆上還掛飾著其它多幅美麗的少女畫。

【喫茶ソワレ】

是京都市內，最能夠讓女性回到「少女情懷」、飄散著浪漫氣息的咖啡館。

讓肌膚看起來更加動人的藍色照明、沒有多餘的聲音、安靜的空間。畫框裡纖細的少女畫、陳列在玻璃窗裡的骨董咖啡杯、在色彩鮮豔的果凍間注入蘇打水的Jelly Punch、服務生的身影。

存在於ソワレ裡的所有事物，都不禁讓人有種「啊、還好我身為女生」的感動。

向千鳥許願

若要以顏色來比喻5月的話，是藍色。
曾經喜歡過一個5月出生的人，
他也說喜歡藍色。
看到小川流水，就會想起來。
看到飛鳥，就會許願。
「請讓我永遠都像那天一樣
沉浸在愛情的喜悅裡」
5月的京都，
是最容易發現千鳥的季節。
好比「青鳥」一樣，
在京都找尋幸福的千鳥吧。

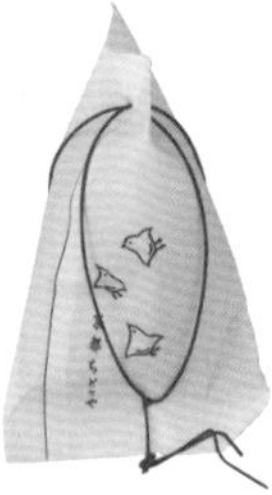

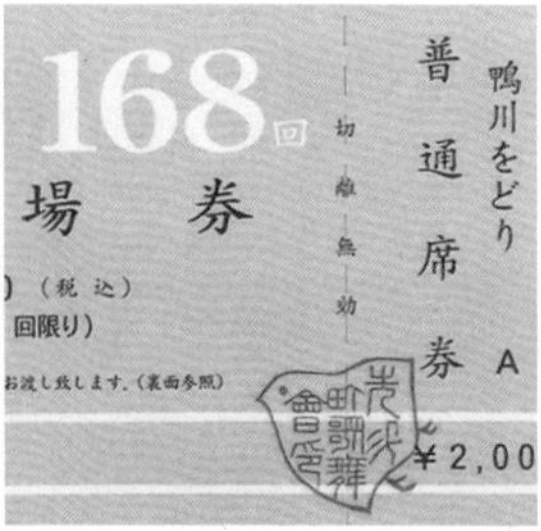

第一列）5月時在「千斗町歌舞練場」所舉行、以千鳥為象徵物的「鴨川舞」。在歌舞練場的商店買的小燈籠。　第2列）張貼在車站和街上、「鴨川舞」的海報。　第3列左至右）〈京都ちどりや〉內含紅豆粉和黑砂糖的無添加物肥皂。　歌舞練場中發現的看板。　與第一列不同顏色的燈籠。　第4列左至右）「鴨川舞」的入場券。　〈嵩山堂はしもと〉的圓形懷紙。　距離歌舞練場很近的〈先斗町駿河屋〉小饅頭。懷紙上也有千鳥圖案。

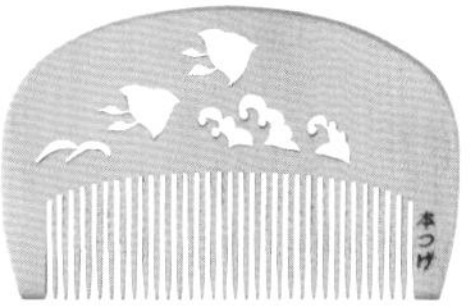

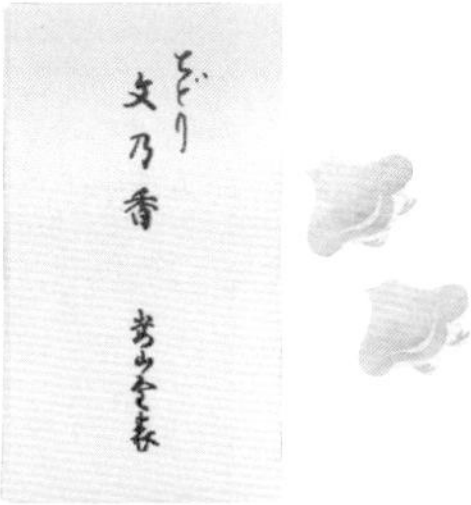

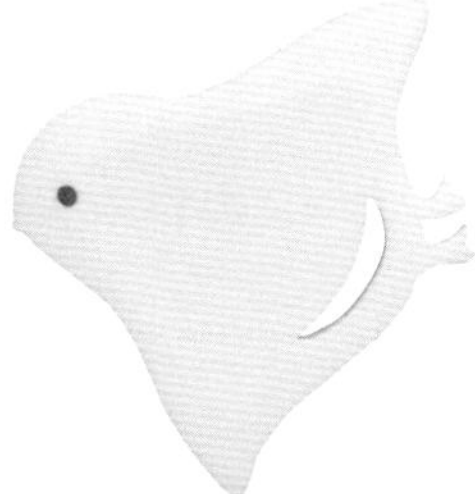

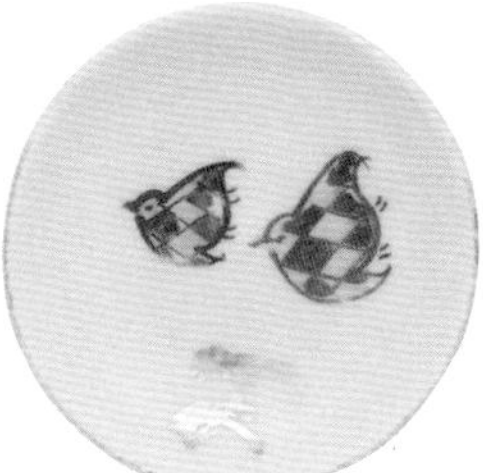

第一列左至右）在〈かづら清老舗〉購買、雕刻有千鳥圖案的髮梳。　寄信時將其放入信封內就會散發香氣的「文乃香」，是在〈嵩山堂はしもと〉購買的。　在「鴨川舞」品茶時，茶碗上也是千鳥圖案。　第2列左至右）〈ぴょんぴょん堂〉的懷紙。　在「鴨川舞」期間，歌舞練場的天井掛滿了千鳥圖案的燈籠。　舞妓和千鳥的圖案名片是在〈ぴょんぴょん堂〉購買的。圖案名片，是舞妓作為名片之用的千社札。　第3列左至右）「鴨川舞」的飲茶券。　〈京都ちどりや〉的腰帶。　〈先斗町駿河屋〉的糕餅。　第4列左至右）在骨董店發現的小碟。　歌舞練場的緞帳。　在東寺的弘法大師廟會時買的小碟。

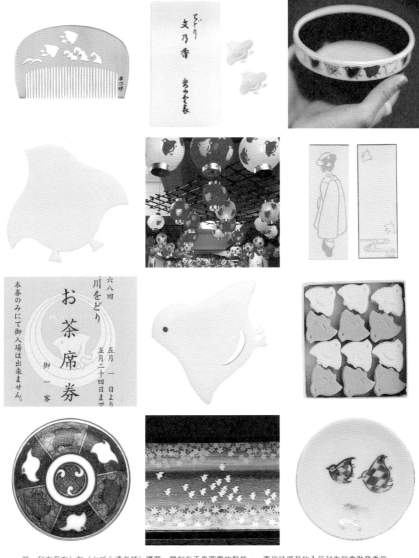

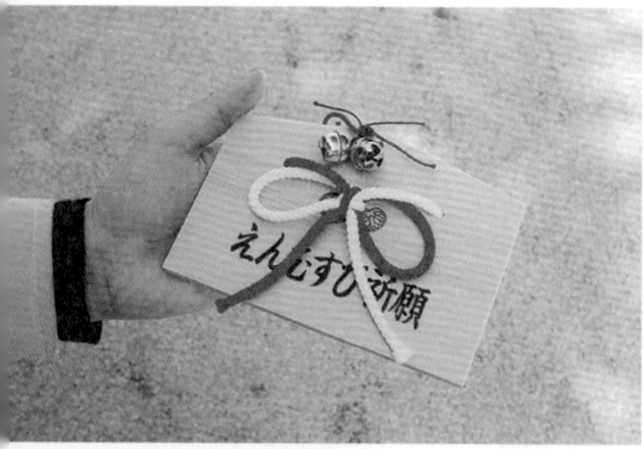

【相生社】如果要祈求姻緣，那就要到位於下鴨神社內的此處，主神是神皇產靈神，是著名的婚姻守護神。象徵12單禮服和衣冠裝扮的「結緣籤」，還具有書籤的功用。

戀愛之神

「戀愛籤」和「戀愛護身符」

京都最有人氣的戀愛神社，就是穿越過清水寺的「清水舞台」後，立在眼前的世界遺產——地主神社。創建於日本建國以前，主祭神為因幫救助因幡的素兔，而聞名的戀愛之神——大國主命。

中學時代的畢業旅行，同學們紛紛排隊等候在「戀愛占卜石」前，想要測試自己的戀愛運，但是要我在眾目睽睽之下閉起眼睛，走在分隔兩方的大石頭間，實在覺得很不好意思，所以我沒等候就離開了。

之後經過了好幾年，發現了在下鴨神社內有個名叫相生社、可以安靜祈

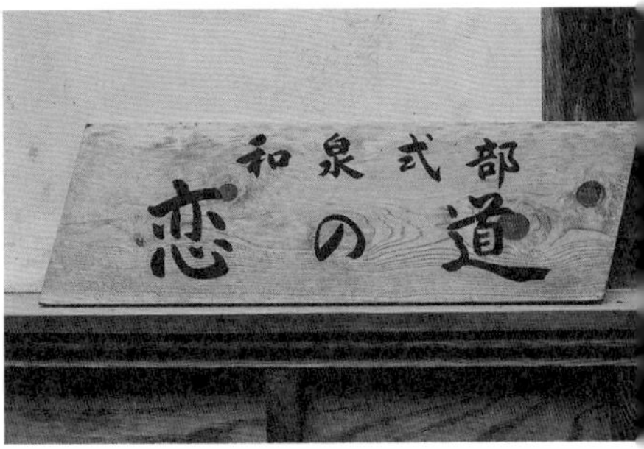

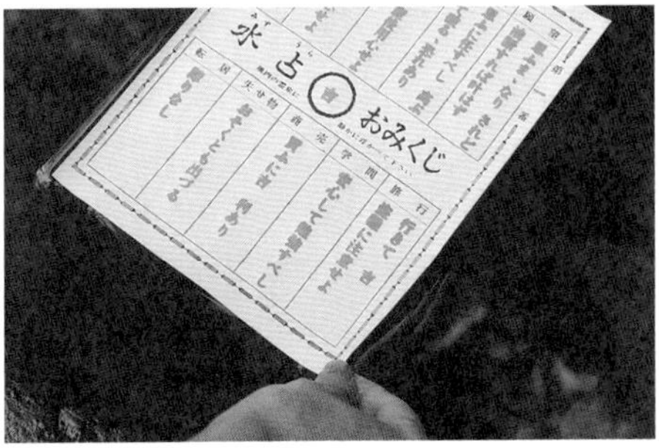

【貴船神社】祭祀著與水相關的神明。只要將神籤放在神社內的靈泉水面上，文字就會浮現出來的「水占卜籤」，是京都最受歡迎的求籤處。也是和泉式部造訪過，並在此誦詠和歌、祈求戀愛運的著名場所。

求戀愛成功的場所。這間小神社的名字是由表示人與人之間有緣、無緣的詞彙「相性」而來，兩棵樹木從中間相連成為一棵，稱之為『連理樹』。我常會在散步的途中繞過去，投些香油錢。

戀愛成功與否，是無法光靠神明力量的。我雖然相信命運，但終究還是要自己展現魅力才行。所以，在戀愛之神的面前，我不只有許願而已，我還會明確地告訴神明說「請讓我成為有魅力的人吧」。

京都姑娘的點心圖鑑 其一

會被京都的點心吸引，是自從和京都咖啡館・六曜社地下店的服務生美穗子，相互交換東京和京都的點心後才開始的。一開始，只是在「信封裡附上點心」的程度罷了，但後來點心變成主角的機率卻與日漸增。

每個月從美穗子那兒收到的點心，都充滿著京都的季節感，還有模仿美麗風景的花樣。一個人吃未免太過可惜，點心可愛的形狀和顏色，總不禁讓人想要找同好來一起分享。

所以，為了想找到也讓美穗子開心的點心，我也總是在東京或外出旅遊時，隨時啟動著搜尋「既可愛又美味的點心」的任務。點心是可以讓不管年齡幾歲的女性重返『小女孩』的魔法靈丹。如果有一天，我和美穗子的點心交換紀錄可以出版成書就好了，因為我好想將這些可愛的點心都介紹給大家呢。

手づくり
京金平糖

京都姑娘的點心圖鑑　其一

上至下／<総本家　河道屋>蕎麥點心。　<緑寿庵>汽水口味的金平糖。<亀末廣>絹綢水滴。　<俵屋吉富>紫陽花造型的乾點心。　<大原女家>都舞的兩種點心。　<村上開新堂>俄羅斯餅乾。

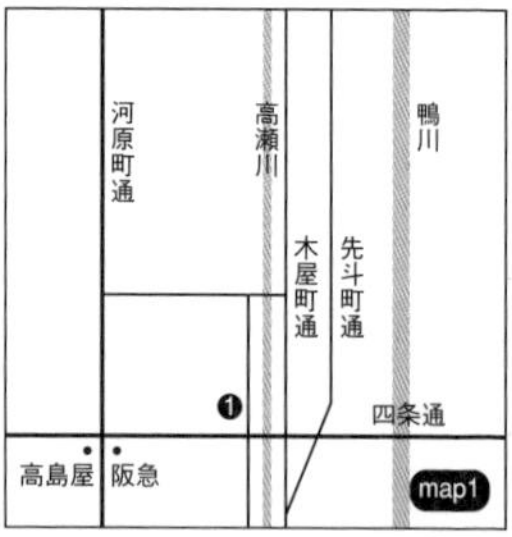

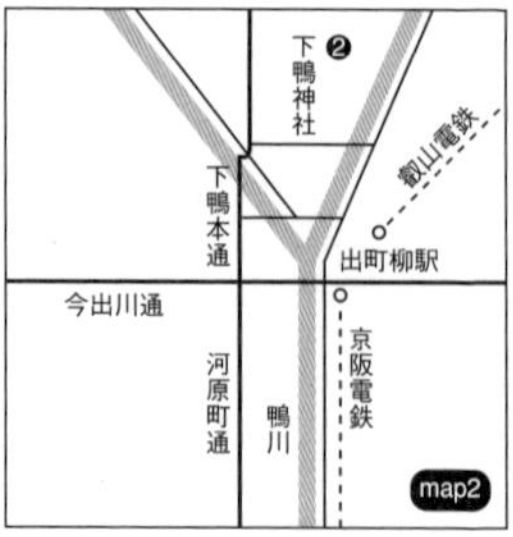

喫茶ソワレ（map1-1）
京都市下京區西木屋町通四条上ル TEL：075-221-0351
營業時間 12：00～22：30（週日～假日11：00～）
公休日：週一（遇假日則順延一天）

地主神社
京都市東山區清水1 TEL：075-541-2097

相生社（下鴨神社）（map2-2）
京都市左京區下鴨泉川町59　TEL：075-781-0010

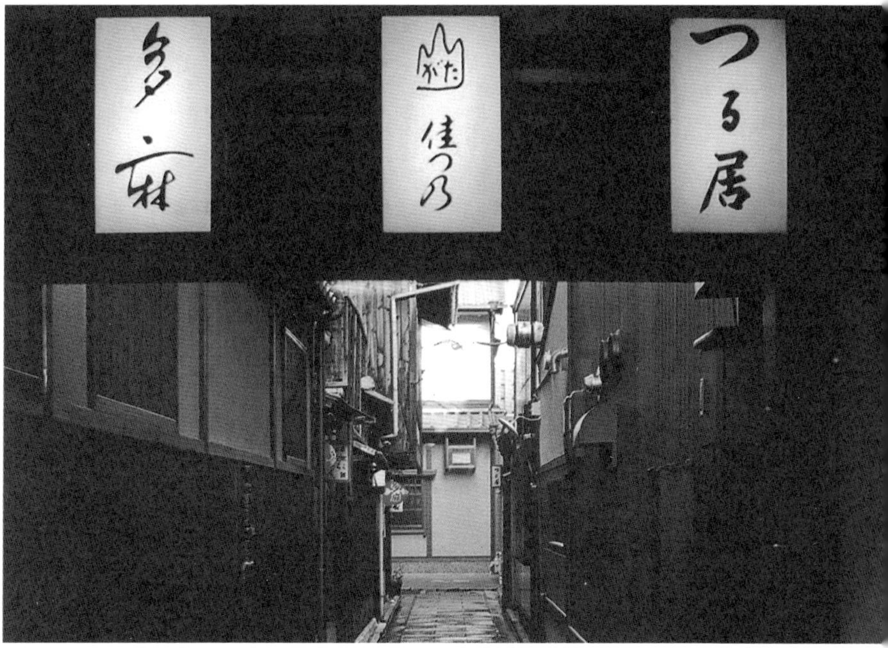

6月　夢想中的生活

「你回來啦」
「我泡杯茶給你」
小時候在玩扮家家酒時
所描繪出的生活景象
町家、洋房
邊眺望京都的建築物
就像那天一樣
在心底描繪著，我所嚮往的生活

憧憬的京都建築

我喜歡欣賞擁有悠久歷史的建築。從我居住的地方到下鴨神社、京都御所、相國寺、詩仙堂等地，都是腳踏車可以前往的距離，不管造訪了多少次都不會覺得膩。

除了歷史悠久的建築之外，只要見到像以前擠滿熱鬧人潮的町家（與隔壁比鄰而建，面向道路的入口處狹窄，但裡頭卻很深長的細長型木造建築）或洋房，就會憧憬著很想要住在像這樣風格的住家。

而且，町家的格子窗和拉門、洋房的窗緣和大門的裝飾，只要光欣賞這些建築的某一個部份，就會覺得是很有創造性的。「若是在這樣的格子鋪上金色或銀色做成的包裝紙，應該會很漂亮吧」，我在店家門前駐足，在腦海中想像著景象。

我曾經參訪過在黑澤明導演的電影「青春無悔」中也取景的、以前是京都大學教授——駒井卓博士住家的駒井宅邸。當時看到透明和紫色水晶的門鈴時，心中浮現出「如果有像這個門鈴般的戒指或墜子，一定很漂亮」的念頭，而將印象畫在筆記本上。

在『建築MAP京都』（TOTO出版）中，有介紹從國寶、重要文化財產到現代建築的豐富資訊。在我的腦海中，也有屬於我自己的京都建築MAP。町家、洋房、商店、旅館、民宅等，都是我的「憧憬標記」。

【KINSHI正宗　堀野紀念館】

KINSHI的創始者，將舊堀野家的自宅開放為「京都釀酒屋和町家文化的博物館」。

可以品嘗到釀酒時不可缺少的京都代表名水「桃之井」的湧泉、試飲日本酒、參觀兩層樓的町家等。只要是想感受京都的遊客，來到這裡都會很開心的。

商店裡販售的化妝水用清酒「SHU・SEI」，是我近幾年泡完澡後的愛用品。

【鶴清】

位於五条橋旁、相當引人注目的三層高樓閣，就是料理旅館〈鶴清〉。雖然是昭和初期當時建造的，但造型卻很有現代感。

只要包下二樓的大房間，就可以容納所有的家人或朋友，體驗像是畢業旅行的住宿氣氛。

三樓可以眺望鴨川，在附設表演舞台的大廳中，忍不住心裡暗想「如果可以在這裡舉行結婚典禮那該有多好」。

【花屋旅館】

位於先斗町和木屋町附近、高瀨川的旁邊，是一間有百年歷史的木造旅館。只提供附早餐的住宿型態。

附近有西式餐廳〈コロナ〉、小鍋燴飯〈月村〉、咖啡館〈フランソワ〉等店家，不愁找不到地方用餐或喝茶。門禁為晚上10點，很適合在夜晚閱讀或寫信等靜態的活動。

心滿意足的一滴

在日本第一產茶地靜岡出生的我，在孩童時期，喝日本茶的機會總比咖啡或紅茶來得多，在中學時還曾經參加摘茶的體驗活動呢。

在大阪度過大學生活的時候，正好碰上流行喝咖啡，每天都沉醉在咖啡和紅茶的世界中。開始對泡茶的方法有興趣，則是從在京都生活以後。從對京都的茶館和咖啡內行的朋友那兒，得知一保堂茶鋪有個叫作〈嘉木〉的茶館，在教人泡茶的方法，我馬上就騎著腳踏車跑去了。

那位朋友，是個不管新舊知識都很瞭解的行家。對於初次造訪京都的我，則是前往和她交談對話中所出現的店家，並藉此融入京都的生活。記得當時光只有「想要知道更多的店家和美食」的這個念頭，每天就可以過得很心滿意足了。

在〈嘉木〉點了一壺煎茶。懷著忐忑不安的情緒，按照店員的說明將熱水注入茶葉裡。共喝了三煎，每一煎都是不同的味道，很好喝。我第一次意識到原來「泡茶、喝茶」，是需要這麼地鄭重其事。為了怕忘記，那天我還自己多複習了兩遍煎茶的沖泡過程。

當第一煎、集濃縮美味的最後一滴落下，凝視著水滴，感受水滴掉落到茶杯裡為止的時間。在那麼一瞬間，我感覺自己就像個可以享受優雅風情的大人，好不開心。

【一保堂茶舖】

販售茶葉、茶具、陶器的「近江屋」，是距今290年前的享保年間（1717年）創業的。由於茶葉的品質深獲肯定，於弘化3年（1846年）由山階宮贈賜、取自「要一直將茶保存流傳下去」之意的〈一保堂〉的店號。只有在本店和網路商店販售的、印有〈一保堂〉標誌的清水燒茶具組，是我憧憬已久的一品。

京都的火柴盒

收集火柴盒的興趣，是從住在大阪的時候開始，不過收集量迅速增加，是搬到京都以後的事。從朋友們那兒也拿到許多各地的火柴盒，自己也為了收集想要的火柴盒，而到處造訪京都的咖啡館和西餐廳。

有天，在打工場所的銀閣寺附近，咖啡館旁邊的古道具店，發現了用紙箱裝得滿滿的，只賣10日圓的火柴盒堆。雖然整箱買下來也不過10日圓罷了，但還是花了點時間只挑選可愛、有趣、稀有的火柴盒帶回家。

幾乎上面都印有店家的地址和電話，所以我就按照上面的地址找到店家，但是印製這些漂亮火柴盒的店家，大部分都已經不存在了。

對即使離開了還是很依戀京都的我而言，這些火柴盒就像是「一片片的京都拼圖」般珍貴。

COSEN
coffee
miki
さくら
ろくよーしゃ
ROKUYOSHA
みそ
いもぼう
TEA HOUS
TSUKIJ
KYOTO
花房
KYOTO
UNIVERSITY
フルーツパーラー & スナック
Ars.
ルパン
TEL (46) 7884
フランソア
SHIJOKOBASHI
NISHIZUME
MINAMI
KYOTO
旅館
東山ホテル
TEL 075-531-2138
EQUINE
EQUINE
EQUINE
Café
Coffee
Smart
TEA ROOM
茶
ECHIGOYA
糸
源

京都的火柴盒

京都收集到的眾多火柴盒。

一保堂茶舖（map1-1）
京都市中京區寺町通二条上ル
TEL：075-211-3421
營業時間 9：00～19：00（假日～18：00）
公休日：年初

駒井家住宅
京都市左京區北白川伊織町64
TEL：03-3214-2631（詢問處・日本國家信託）
開放時間 每週五・週六（10：00～16：00）

KINSHI正宗　堀野紀念館（map2-2）
京都市中京區堺町通二条上ル亀屋町172　TEL：075-223-2072
開館時間 11：00～17：00
公休日：週一（遇假日則隔日休）

花屋旅館（map3-3）
京都市下京區西木屋町通四条下ル船頭町201
TEL: 075-351-4398

鶴清（map3-4）
京都市下京區木屋町五条上ル　TEL: 075-351-8518

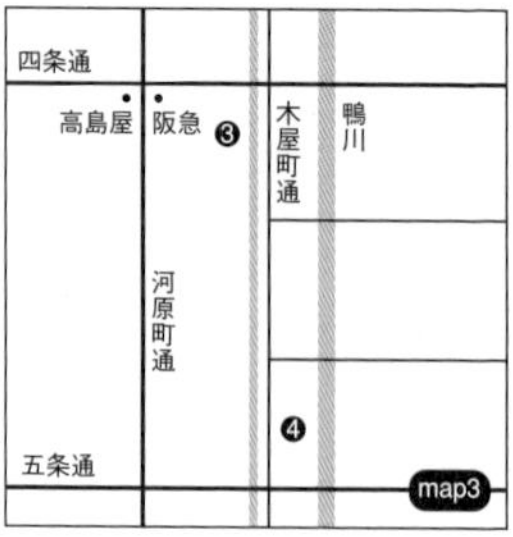

7月　通往夏天的門

白色的棉花帶有香草的香味
將夏天用的提籃放進水裡

熨好所有的洋裝
拿出草帽
將可爾必思、香草冰淇淋裝進冰箱
「來吧！」準備好迎接夏天

白色的襯衫、白色的裙子
夏天就是要白得刺眼
連洋傘都準備好了

「京都的夏天太熱了」
只得尋找陰涼的地方走
但其實內心，可是興奮得很

享受涼爽

決定秋天開始要前往東京工作，這是在京都生活的最後一個夏天。搬家前，我希望不要留下任何的遺憾，所以向位於京都御所的宮內廳辦事處，提出了桂離宮的參觀申請。

未滿20歲是不可參觀桂離宮的，而且還要經過一定的申請手續才得以進入。這也正是它的魅力所在。不是閒閒沒事就可以晃過去，而是需要有一種「專程去桂離宮」的心理準備後才去的。

我邀請了對建築、設計、日本文化有興趣的朋友一同前往，在參觀當天租了車出發上路。原本想像中的參觀行程會，是大家七嘴八舌地討論感想的熱鬧景象，但當一踏入「悠閑恬靜」的桂離宮時，卻發現大家都出奇的安靜。

我有一本『桂離宮』（淡交社）的照片集，除了封面和扉頁以外，全部都是黑白照片，所以我很想享受現在近在眼前的彩色景色。不過，我也體認到原來「美麗的東西，其實顏色就不是那麼地重要了」。

在結束了約1小時的參觀，為了要討論接下來要去哪兒，於是前往附近的和菓子店〈中村軒〉的茶館。希望找個可以避暑的景點，所以宇治、鞍馬、貴船、琵琶湖等都在後補之列中，不過最後決定了我強烈推薦的保津川遊船。在嵐山將車寄放後，搭上小火車到龜岡，再換乘巴士後才抵達了搭船渡口。為了度過約2小時的遊船之旅，所以預先買了啤酒上船。

就如同遊覽小冊上寫的「技術出眾　操縱熟練」，船夫手持竿、舵、槳，穿插在岩石間的技術，讓大家歡呼聲不斷。行程中就像「涼」字般地水花四濺，讓人忘卻了酷熱。

141

在保津川遊船的搭船渡口，發現了可愛的點心。船隻形狀的煎餅外殼內擺放著一個穿著和服的小孩人偶，人偶則是餅乾做成的。在船旅中因為怕弄碎它，所以一直小心翼翼地拿著。

過了一會兒，溪流也趨於平緩，船隻也安靜地朝前邁進。大白天喝著啤酒，加上徜徉在溪谷中的溫暖太陽下，實在是太過舒服了，所以在船上昏昏沉沉地睡了30分鐘左右。當醒來睜開眼往周遭一看，朋友們有的看著天空發呆，有的在筆記本上畫上風景圖，大家都很自在地享受著自己的時光。

途中，穿插著船夫風趣的遊覽介紹，販售岩山上的觀光紀念攝影，以及販售啤酒或關東煮的攤販船等購物活動也到處可見。當返抵嵐山的搭船渡口，我對著滿頭大汗的船夫大叔說了聲「我還會再來的」，並誠心地跟他握了握手。

「這才像文科系的戶外活動嘛」在抒發了滿足的感想後，返回自己位於京都左京區的家。雖然只是個簡單的行程，不過卻是大人才能體會、讓人無法忘懷的「京都一日遊」。

「川床」指的是5月到9月期間，從二条到五条沿著鴨川的飲食店家所設置的、面向鴨川搭建出來的木造座位。像是設在川上的陽台般，是京都夏天的獨特風景。

另外，離開京都前還去了「川床」。在以套餐料理為主、可以單點料理的〈東華菜館〉的川床上，在黃昏之時，朋友為我舉辦了一個小小的送別會。

這個夏天為了享受涼爽的空氣，也曾經到〈豆水樓〉的川床吃晚餐。冰涼的豆腐在口中輕輕地融化，好像優格一樣。邊欣賞著河灘上的小煙火，邊在月亮與星空下心裡想著「當大人真好」。

喜愛的涼果

可爾必斯加上蘇打水、冰鎮麥茶、
冰塊和玻璃杯相碰撞
發出了喀啦喀啦的聲響。
擺出看起來沁涼的點心
度過大人的夏季時光。
夏天京都的點心
比聖誕節還要更色彩繽紛。

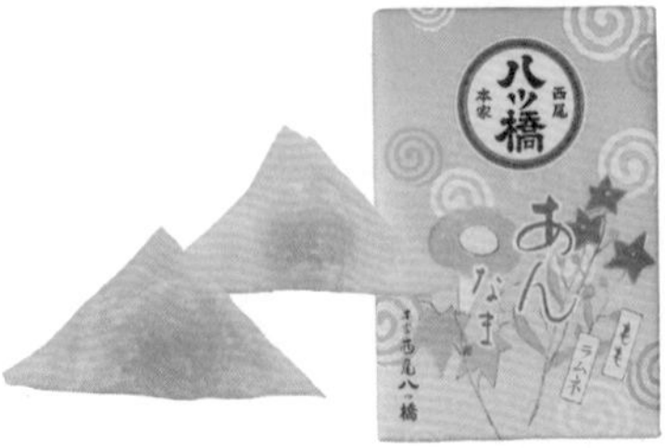

「西尾」汽水・桃子內餡

京都名物的八橋，發源地就是西尾。除了紅豆餡外，還加上草莓、巧克力香蕉、抹茶等口味的生八橋，其中又以夏季限定的汽水口味最受歡迎。和蘇打水一起吃的口感很搭。（夏季限定商品）

「老松」夏柑糖

在夏天的某一日，我正在家裡躺著休息的時候門鈴響了，一位身穿印有老松和刺繡白衣的人說：「這是〇〇先生寄送給您的」，從他手中接過來的就是這個讓人不禁端正坐好、忘卻酷暑燥熱的夏柑糖。（4～9月的限定商品）

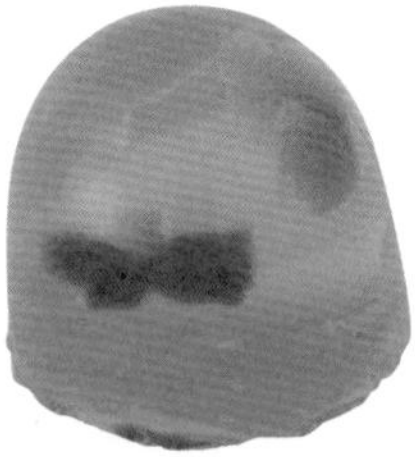

「松彌」金魚的生菓子

在寒天裡游泳的金魚羊羹，簡直就像小時候「眼睛看到的景色可以變成點心的模樣就好了」的願望一樣。夏天的松彌陳列著煙火、扇子、風鈴等模樣、漂亮又清涼的點心。（夏季限定商品）

「末富」七夕的麵麩煎餅

七夕的夜晚，邊在內心嘟囔著自己的願望，邊想著要吃印有「星星和詩箋」、「銀河」圖案的麵麩煎餅。水色的包裝紙、金色的餅乾盒都很受到小女孩的喜愛。（6月底～七夕的限定商品）

「清閑院」夏之果

將西瓜整個從中剖半，從像是碗盤狀的半圓形西瓜直接用湯匙挖起來吃，是小時後很嚮往的事。而實現這個願望的就是這個塞滿各樣水果口味的果凍。（夏季限定商品）

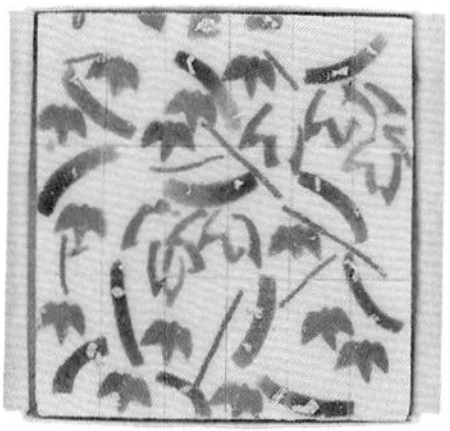

「植村義次」七夕押物

植村義次，是用粉狀大豆加上麥芽糖等攪拌而成的、製作州濱的老鋪。糕餅加上州濱後描繪出季節的圖案就是押物。是一種可以用眼睛和舌頭品嚐日本自然風味的點心。（夏季限定商品）

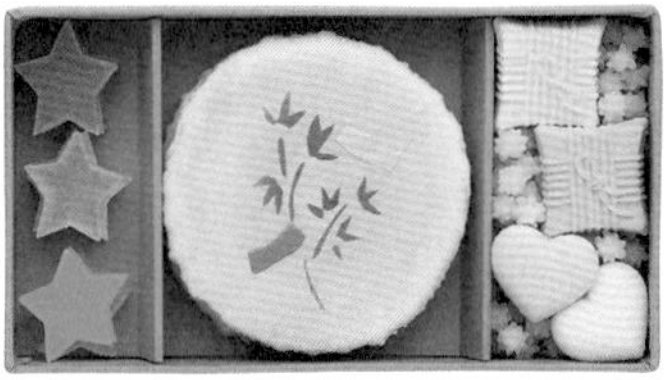

「俵屋吉富」七夕祭

小時候很期待「女兒節」的到來，但長大以後開始對七夕懷抱著浪漫的心情。星星、心型和金平糖，像是從戀愛中的女孩身上掉落的心的碎片。（6月21日左右～7月7日的限定商品）

「植村義次」牽牛花押物

總是在看到夏天的點心或吃到嘴裡的時候，回憶起暑假悠閒寧靜的時光。我很不擅長於觀察植物，為了答謝母親那天幫我描繪牽牛花，所送給母親的押物。（季節限定商品）

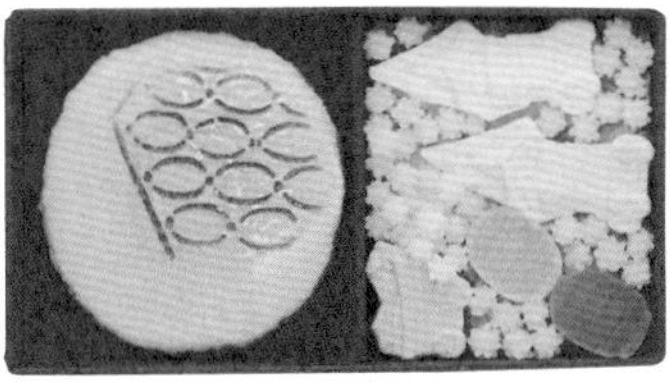

「俵屋吉富」祇園囃子

7月中活動和祭典不斷的祇園祭，就是在八坂神社舉辦的。據說只要聽到街上「Chin-Chin」和囃子所發出的聲響時，京都人就會開始在自家製作冰塊，好準備迎接接下來的酷暑。（7月1～17日左右的限定商品）

「塩芳軒」有平糖

有平糖，是將砂糖熬煮成棒狀，再製作出各式各樣的形狀，像是玻璃般的細緻糖果。我把水流狀的幾個有平糖放在玻璃杯中，裝飾在夏天的冰箱裡。（季節限定商品）

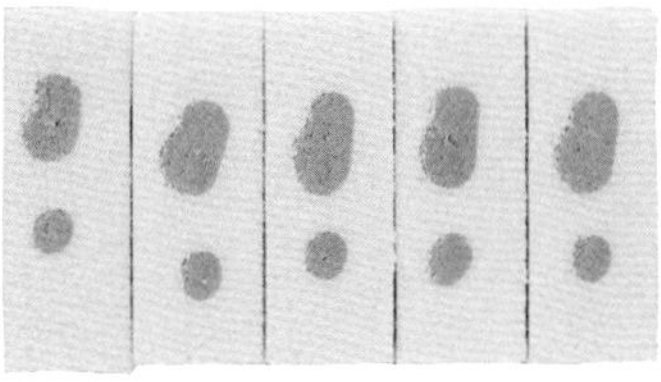

「龜屋良永」夏之雲

以「御池煎餅」聞名的龜屋良永的店裡，還有一種稱為「大原路」，依照季節變換顏色的乾點心。在拜讀過木村衣有子的著作「京都のこころAtoZ」中對色調的解說後，讓人更能體會其中的樂趣。（夏季限定商品）

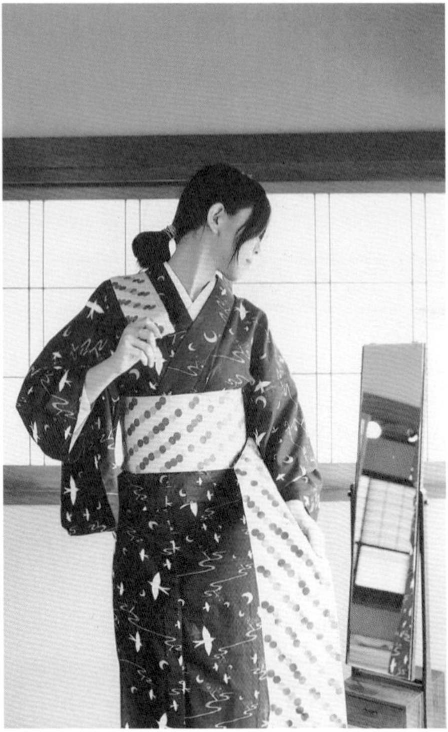

懷念的和服　和裝的精神

大正年間出生的祖母80年來，都以和服為服裝。但自從最近摔了一跤受傷以來，因為怕危險所以不得不改穿洋服。當聽到祖母以難過寂寞的表情說著「我呀，好懷念穿和服喔」的時候，我的內心一陣顫動。對祖母來說，和服是最平常、最自然、最舒適的服裝，而現在卻不能穿和服，對她而言應該很難過吧！

我是由祖母帶大的，所以一直很喜歡祖母穿過的和服的觸感、味道和存在感。

從祖母疼愛和服的心意，讓我也更尊敬日本文化。

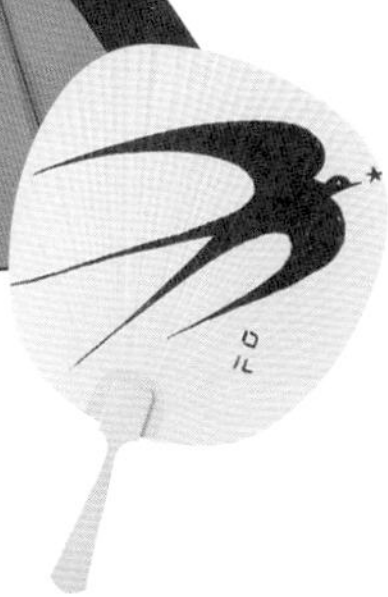

【京吳館】陳列著由金子國義、ANYA等設計的新式和服，位於石塀路上的石疊小路，有一整棟的町家作為展示室。照片由左至右分別是，ANYA設計的「幸運草」、「海邊」、「月色朦朧」。扇子上的圖繪，是山本祐布子的作品。

我曾經參加過在〈京都館　石塀小路店〉舉辦的「生活華爾滋展」。在少女畫家也是和服設計家的ＡＮＹＡ的畫中，我創作了詩句的旁白。從那時候認識至今，每當我去京都時就會繞去石塀小路的展示室欣賞ＡＮＹＡ的「海邊華爾滋」和服系列。每當ＡＮＹＡ說起自己的設計概念「穿上的人，會呈現出美麗、溫柔、可愛的三個拍子，像是自己在彈奏樂曲般」的時候，「雖然外表是洋服但內心卻是和服」的我不禁正襟危坐了起來。

在京都享用美食

可以郵購的美食越來越多，所以對不親自到當地就無法品嘗得到、無法用郵購、得現作現吃的東西，更可感受到它的珍貴。每當決定前往京都工作或旅行的時候，為了品嘗京都的醍醐味，對於要去哪裡吃些什麼，都得仔細地再三考慮。

自從對位於上賀茂神社前、神馬堂的烤年糕兩戰兩敗後，激起了我對美食奮戰到底的決心。

對聞名遐邇的烤麻糬，我一直「很想吃」。因為離關店時間還早，所以很安心地在傍晚才前往，但東西早就賣光，很洩氣地回去了。所以第二次，我提早了在中午就去買，但上午的分量也已經賣光了。距離下午的販售時間還很久，我之後還有別的事，所以又含淚地離開了。

第三次，我為了能夠買到烤麻糬專程一大早就去了，這才終於讓我品嘗到了這美妙的滋味。

天まぶし

京都美食

由上至下／<澤屋>栗餅。<六盛>炸物便當。<神馬堂>烤麻糬。
<麩嘉>麵麩小饅頭。<錦味>葫蘆便當。

東華菜館
京都市下京區四条大橋西詰　TEL：075-221-1147
營業時間 11：30～21：30
公休日：無休

豆水樓　木屋町本店
京都市中京區木屋町通三条上ル上大阪町517-3
TEL：075-251-1600
營業時間 11：30～14：00（LO）／17：00～21：30（LO）
（週日・假日12：00～20：30LO）
公休日：不定期

京呉館　石塀小路店（map1-1）
京都市東山區下河原八坂鳥居前下ル下河原町463-8
TEL：075-533-6688
營業時間 11：00～19：00
公休日：週三

桂離宮（map2-2）
京都市西京區桂御園　TEL：075-211-1215（詢問處）

☆ 保津川的搭船渡口
從京都車站搭JR嵯峨線（快速電車約12分鐘），在嵯峨嵐山車站下車。換搭小火車（約20分鐘），在終點站亀岡車站下車。再換搭巴士約15分鐘，即可抵達保津川的搭船渡口。

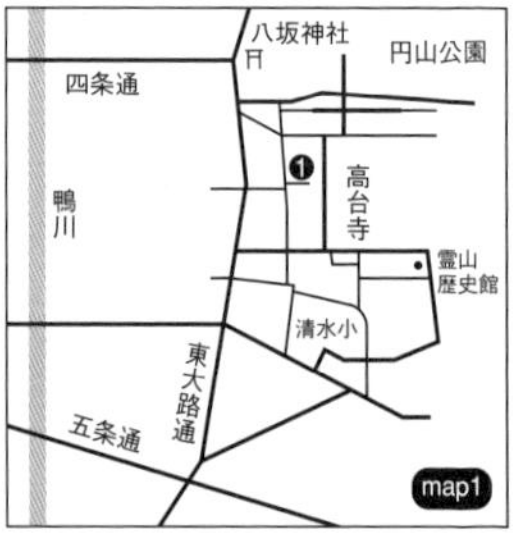

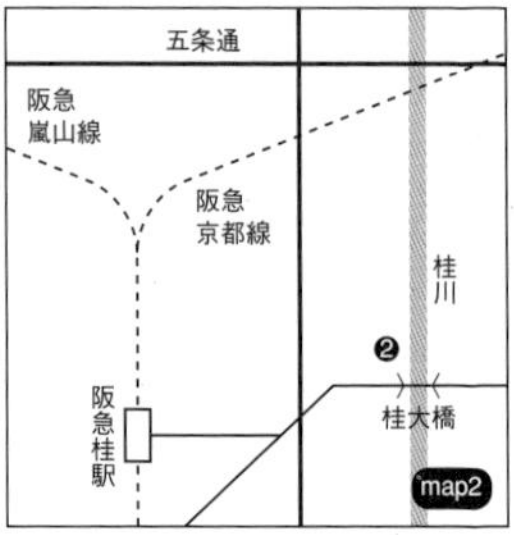

8月　京都閱讀紀行

不管是睡著還是醒著我都喜歡書。

將買來的大量書籍堆起來、排列起來
做成一個書床。

就像是，紙和文字做成的方形船。
躺在書床上，閉上眼睛。

好像在夏風中，搖來搖去
好像在海底中，游來游去
好像慢慢被吸進書堆裡的感覺。

邊睡，邊做夢。

旅行、戀愛，什麼都可以實現。
只要流洩出詩集中的隻字片語
不管什麼是夢境，都浪漫了起來。

御勘定場
岡山合同
文藝堂書店
松林堂書店
古書夢や

下鴨納涼舊書市集

在京都度過的第一個夏天，因為難耐酷暑，所以停掉白天在繪本出版社的工作和晚上在祇園料亭的打工，沒有外出在家窩了好幾天。的確也是因為沒有體力，但對那時找不到目標的我來說，精神狀態肯定要比現在要差上好幾倍。

在體力恢復的差不多的某天早上，朋友來家裡接我，「說要去舊書市集，就在附近而已」。距離我家徒步3分鐘的距離，在下鴨神社的森林之中，每年的8月11日～16日都會舉辦的戶外舊書市集。有一陣子沒有呼吸到外面空氣的我，不禁對夏天的陽光和最喜愛的書本市集感到眩目，心理也開始興奮了起來。

超過40家近畿圈的舊書店林立，足足有50公尺長的行列。若從頭到尾每家舊書攤都逛的話，一天絕對不夠。持續六天的市集，即使每天都去逛也一定挖得到寶物的。學生時代就在舊書店打工、對關西舊書店很有興趣的我來說，真想每天都來，感受觸碰舊書的喜悅。

那天，我發現了SARIO發行的少女雜誌「リリカ」於76年的創刊號，還有一本100日圓的書、「生活手帖」、圖畫書、喜愛的精裝書等，總共買了50本。

一個人盡情地逛完後，才汗如雨下地往與朋友約好的休息場所走去，那時已經聚集了許多喜愛書籍的同好在那兒。大家邊喝著啤酒，邊展示著自己手上的戰利品。

我也將剛剛買到的書得意地從袋子中取出來，突然覺得自己「已經沒事了」。對身體上和心理上總是用「我很軟弱」當藉口、習慣逃避的自己，一瞬間覺得這樣下去不行，應該要

有個新的開始了。

軟弱愛哭的我，一定是被棲息在森林之中的神明及書和「買自己喜愛的書」的力量給救贖了吧！我沒有誇大其辭，因為從那年夏天去過舊市集以後，我的思考模式和生活方式確實有了改變。

現在已經變得堅強的我，對於當時的軟弱、買來的大量書本，和下鴨這個地方，還是依舊懷念。

舊書市集附記

在前往京都舊書市集的途中，有時也會「碰到陣雨」的倒楣事。若是在舊書市集遇到下雨，想找遮陰的地方或是選書累了，可以從下鴨神社走到甘味屋或鯖壽司等店家稍事休息。

加茂みたらし茶屋「加茂御手洗麻糬」

是由「平安朝時代取自下鴨神社森林中，御手洗池裡湧出的水珠形狀製作而成」，為御手洗麻糬發源地的茶屋。5個麻糬一串表示人的「五體」。若前往下鴨神社，一定要去吃吃看。

美玉屋「黑糖麻糬」

充滿嚼勁的麻糬裹上黑糖，再沾上黃豆粉，吃起來就像山蕨菜麻糬。一到傍晚常會賣光了，所以要吃請趁早。

花折「鯖壽司」

家家戶戶在祭典的時候，將醃醋的鯖魚、醋飯、白板昆布用竹膜包起來，放置一晚，就是京都的美食──鯖壽司。位於細長的鯖壽司街道尾端位置的＜花折＞，可以在店裡品嘗鯖壽司的美味。

京都的書店

「一日一書店」，前往書店是我在京都的生活習慣之一。每天都去探訪喜愛的書店，有時也當作和朋友會面的約定場所。

最常去的是〈恵文社一乗寺店〉。若要說恵文社是我傳遞和收集資訊、人際關係發展的主軸，一點也不為過。挑選剛上架的書、雜貨，連店裡的空氣都很棒。我自創的品牌—「Loule」的商品也一直都受到此書店的照顧。這間同時擁有新潮感與懷舊風情、女人心與童心的書店，是全日本中我最喜愛的書店。

位於公寓大樓一樓的〈アスタルテ書房〉，就像是造訪澁澤龍彥和金子國義的書齋般，是一間陳列著奇幻文學和美術書籍的舊書店。進去後要脫鞋並換上拖鞋的風格，讓人感受到

老闆的美感。除了書外，我也常會購買骨董的卡片等商品。

作為「愛書」的人，最常被吸引的是〈三月書房〉。大學入學後沒多久，我就聽說了京都有間很棒的書店傳聞。我曾經只是為了要去〈三月書房〉，而專程跑到京都去。其實它並不是一間舊書店，但卻讓我頭一次感受到，原來書本也是有生命的。等回過神來，都已經過了2個小時了，當天買了林靜一的畫集和鈴木翁二的漫畫。之後，在『sumus』的冊子中讀到一段關於書店老闆的風趣訪問，讓我不禁愛上了這位嘴叼煙斗的老闆。

其他還有像是位於百万遍的圖畫書專門店〈きりん館〉、祇園的〈祇園書房〉，都是我常去的。在那裡，也都有屬於我的回憶。

書架上的京都

我房間的書架上，有關京都的書擠得滿滿的。有雜誌的京都特集、隨筆、店家和雜貨指南等。不管是新刊或者是舊書，我只要看到「京都」兩個字，就會忍不住地買下來。下面所列的就是從這些書堆中選取幾本來介紹的。

『紅香』1～2卷
大和和紀（講談社）
是『はいからさが通る』的作者以被讚譽為百年難得一見的舞妓──岩崎峰子的『芸妓峰子の花いくさほんまの恋はいっぺんどす』為原作、描述祇園模樣的漫畫。作為祇園語言和風俗習慣的補充教材也很有趣。

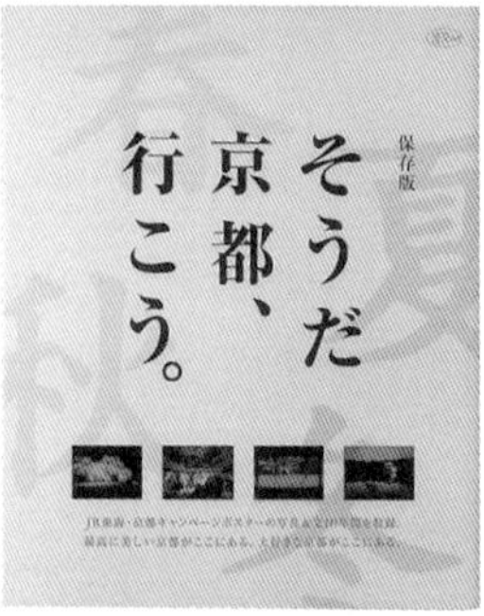

『對了，去京都吧』
淡交社編輯局編（淡交社）
收錄了10年份、知名JR東海的京都宣傳廣告的複印和海報照片。這本書，並不是分類在我書架中的「京都」區，而是在「詩集」區，因為撰稿人──太田恵美的字句讓我覺得很感動。

『京城』
寫真工房編（京都文化振興機構）
被海外的觀光客稱之為「Cherry Dance」、相當受到歡迎的「都舞」。在會場，吸引人目光的這本唱片大的冊子，裡頭是以都舞從古至今的照片和圖版為主題的創作，並附有英譯的拼貼畫冊。

『京都・觀光文化檢定試驗』
京都商工會議所編（淡交社）
以對「京都的文化、歷史的傳承、觀光的振興、人才的育成」做出貢獻為目的，由京都商工會議所主辦，通稱為「京都檢定」的參考書。為了能夠更深一層了解京都，對我而言是很有用的一本書。現在正致力於檢定考試，日夜奮鬥中。

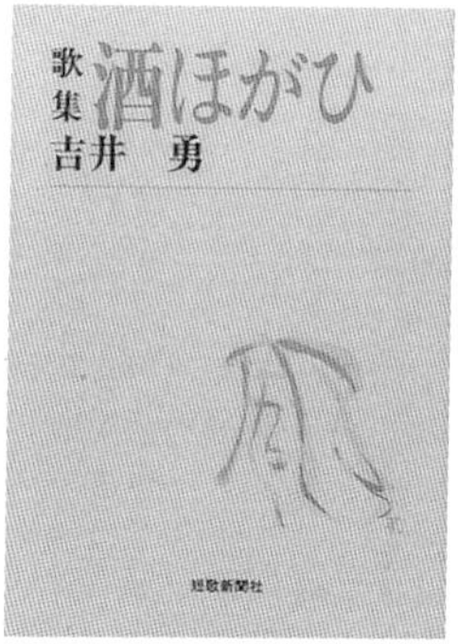

『愛欲之酒』詩集
吉井勇（短歌新聞社）
喜愛祇園的和歌詩人・吉井勇的歌集。在「祇園冊子」的章節，有將祇園一帶和巴黎的蒙馬特相互重疊做描述的和歌，還有他自己對舞妓・藝妓的描寫。

『古都一人』
岡部伊都子（新潮社）
書中敘述著前往京都和奈良時的回憶和情感，以及作者平常生活的交互描寫。去京都旅行時身上帶著這本書，在旅館和咖啡館中閱讀時會有很深的同感。一瞬間，就會沉醉在京都的回憶中，這本書就像是在描述我的心境般。

『太陽　特集 祇園』
（平凡社）
內有川口松太郎描寫、關於吉井勇的「ぎをん白川」文章。我很喜歡這本小說附錄川口專太郎的舞妓畫。在「祇園芸妓色競べ」的照相凹版頁中，還有岩崎峰子年輕時的模樣。

I LOVE KYOTO
和京都有關的可愛物品

在京都，可以發現許多簡單又漂亮的形狀和設計。而這之中也有專為外國觀光客和畢業旅行的學生所設計，「有點奇怪」的物品，可以常在街角看到。但是這些都是太過強調「京都意識」的產物，所以我也都盡量假裝沒看到。

不過，就像喜歡貓咪的人，是無法完全討厭傲慢的貓咪一般，喜愛雜貨和京都的我，結果還是被這些物品的存在感打敗，每次都把它們給帶回家了。

在京都生活期間，我最喜歡的「贈品」，是京都銀行的宣傳廣告物品。領錢時的信封袋、簽約時贈送的面紙包或毛巾上，都有「I LOVE KYOTO」的設計。京都信用金庫的信封上，還有超級瑪利的圖案，大概是因為任天堂的本社在京都的緣故吧？很可惜現在好像已經看不到有瑪利歐圖樣的信封了。

四条河原町 祇園 203
Gion
KYOTO
宅急便
I Love Kyoto
大
京都BOX
ペリカン便
京都
KYOTO
I Love Kyoto
京都銀行

I LOVE KYOTO

從左上開始 / 京都市巴士手機吊飾。在<祇園甲部歌舞練場>買的舞妓手帕。在<さくら井屋>買的金色打火機套。<京都銀行>宣傳廣告小毛巾。<ヤマト運輸>和<ペリカン便>的京都限定紙箱。<京都銀行>宣傳廣告面紙包。

花折　京都本店（map1）
京都市左京區下鴨宮崎町121　TEL：075-712-5245
營業時間 9：00～18：00
公休日：元旦

加茂みたらし茶屋（map2）
京都市左京區下鴨松ノ木町53　TEL：075-791-1652
營業時間 9：30～20：00
公休日：週三（遇假日則照常營業）

美玉屋（map3）
京都市左京區下鴨高木町西入ル　TEL：075-721-8740
營業時間 9：30～19：00
公休日：週二

恵文社一乗寺店
京都市左京區一乗寺払殿町10　TEL：075-711-5919
營業時間 10：00～22：00
公休日：元旦

アスタルテ書房
京都市中京區御幸町通三条上ル東側　ジュエリーハイツ202
TEL：075-221-3330
營業時間 12：00～19：00
公休日：週四

三月書房
京都市中京區寺町通二条上ル西側　TEL：075-231-1924
營業時間 11：00～19：00（週日・假日12：00～18：00）
公休日：週二（遇假日則照常營業）

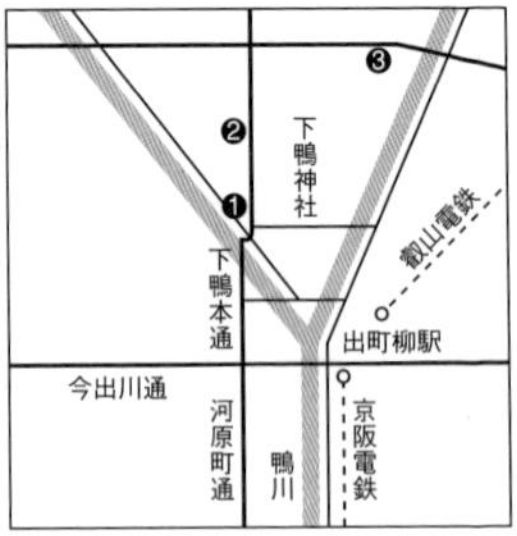

憧憬的9月新娘

菜刀、茶罐、香爐、
髮梳、洋裝。
飯碗、茶杯、筷子、
菸灰缸。
睡覺時的浴衣和腰帶。
當作寶物箱使用的
漂亮餅乾罐或盒子。
哪天要出嫁的時候
連同我在京都買的嫁妝，都要一起帶過去。

9月出生的我，對於當「9月新娘」還比「6月新娘」來得嚮往。希望能在自己出生的月份出嫁的女生，應該也不少吧。

蜜月旅行也是，比起去國外不如在國內就好。花半個月的時間，巡迴〈日光金谷ホテル〉和箱根的〈富士屋ホテル〉等傳統旅館。或是住宿在如〈俵屋〉〈柊屋〉〈炭屋〉等我所憧憬的京都旅館。

在〈イノダコーヒ本店〉享用「京都早餐」套餐，邊做著白日夢。男友問我：「想要什麼生日禮物呢？」，我回答說：「京都」，結果週末他就帶著我來京都旅行了。

昨晚住宿在〈ホテルフジタ京都〉的一間面向鴨川的和室。將外帶回來的〈瓢正〉竹卷壽司當小菜，配上客房服務的「滿つる月」冷酒。

儘管還醉意朦朧，我還是堅持「京都的早餐

就是要去吃イノダ才行」，努力地張開眼，和男友一起出了門。

最近的我，只要想到奢侈的旅行地點，就會聯想到蜜月旅行。當買下一個人生活中不必要的高價物品時，就會藉口說是以後要當嫁妝的。實在是因為有特別理由的旅行和購物，是很棒的一件事。

昨天也是，把裝飾在販售古典美術品〈尾杉商店〉的櫥窗中，已經渴望了好幾年的兔形香爐給買了下來。雖然嘴上對男友說是「買給自己的生日禮物」，但其實在心裡是打算在「新婚期間裝飾在玄關處的嫁妝」。看著宣言「今天一定要找到四葉幸運草的〈ヤサカタクシー〉」的男友，還只是一張少年的臉龐。我現在的夢想，他一定是想像不到的吧。

昨天我們先去了〈河井寬次郎紀念館〉。我有收藏寬次郎的陶藝作品集，男友則是閱讀過

他的著作『火の誓い』，所以我倆都很盼望能夠造訪紀念館。紀念館是由寛次郎自己著手建造，連家俱都是自己設計的。還實際在這裡生活，並創作作品，是一間好像可以感覺到寛次郎呼吸的舊宅。

我在二樓的起居室和書齋，男友則在燒窯和中庭，我倆在此度過了各自的時間。即使很想一整天都待在這裡，戀戀不捨離去，但快接近中午的時候，還是走出了紀念館。

「差不多肚子也餓了」，所以就往下個目的地的五条通到七条通的街道走去。看著臉頰通紅、說著理想中的住家和生活的男友，「原來男生也會有憧憬的事物啊」，覺得好可愛。

中午是去以鰻魚雜燴粥聞名的〈わらじや〉。大學時專攻文學的我，因為梶井基次郎的『檸檬』這本書而開始對京都的美食和店家產生興趣。這間和谷崎潤一郎關係深遠的料理

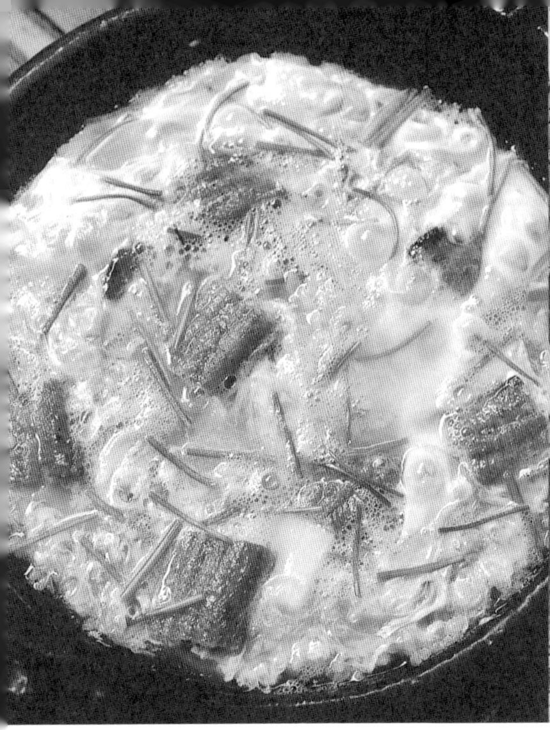

店也一直很吸引我。

菜單上，只有寫著鰻魚料理套餐。在上菜之前，先送來了刻有〈わらじや〉文字、草鞋形狀的乾點心和抹茶，讓人感受到心意。之後端上的是味噌湯、雜燴粥。每樣加上山椒調味後都很合口，是很清爽的味道。

用餐後，先經過三十三間堂和七条甘春堂，往四条走去。男友還有一個另外的要求，希望曾經在京都生活過的我介紹幾間京都的咖啡館，他說：「自己一個人來京都的時候就派得上用場了」。

因為一天內無法喝下那麼多杯咖啡，所以並沒有進去店裡，只是將每家店的看板拍照了下來。〈フランソア〉〈ミューズ〉〈クンパルシータ〉〈築地〉〈六曜社〉〈スマート〉，途中還到香爐購物，按照順序地逛完所有店家，然後才到旅館Check In。

晚餐是去丸太町的〈八起庵〉，為了慶祝生日我們點了雞肉鍋的套餐，最後一道加上蛋汁的白飯真是好好吃。兩人在京都度過的時光，是男友送給我的、比高價寶石還要棒的生日禮物。

昨天早晚都吃得很豐盛。今天在イノダ悠閒地吃完早餐後，因為想去抽鴿子神籤，所以前往了六角堂。我抽到的籤詩上寫著「姻緣，比想像中要來得早」，如果是這樣就好了，我在心裡靜靜地許願著。

午餐是去〈晦庵河道屋〉。每次來這裡，都會想吃叫做「芳香炉」、這家店獨特的火鍋，但是今天則是先點了蕎麥麵。

下午，一直到新幹線的時間為止都在盡情地購物。說是盡情，其實有大半是只有欣賞而已。〈有次〉〈市原平兵衛商店〉〈開化堂〉我告訴自己這是「為了嫁妝而做的準備」，帶

著嚮往的眼神欣賞各樣的物品。

回家時，在計程車搭車處，男友一副很惋惜地說著：「果然，還是沒能看到四葉幸運草的計程車」。我對他說：「如果這麼容易就發現了，有時反而會覺得很惆悵呢」。

哪天，我們再一起造訪京都、一起「尋找四葉幸運草」吧。其實，我有搭乘過，只是沒有說出口罷了。

9月購物帖

這裡陳列的是在9月故事中登場、我所購買的物品。每次旅行回家後，我都會像這樣將帶回家的物品全部擺放在桌上，細細眺望，享受愉悅的時光。

＜尾杉商店＞兔子香爐

位於御幸町三条往南位置的＜尾杉商店＞，是一家陳列許多陶藝和李朝工藝等的骨董店。兔子形狀的香爐，因為是工匠手工製作的，所以每隻模樣都有些微的不同。

＜イノダコーヒ＞咖啡杯組

在植草甚一的小說裡也常會出現的、於1940年創業的老鋪咖啡館。若是和情人一起前往的話，推薦到有條紋格子桌巾的別館。

＜河井寬次郎紀念館＞色紙

和浜田庄司一樣，在民間藝術運動中有相當地位的河井寬次郎，除了陶藝作品外，還遺留下來如『火の誓い』（講談社文藝文庫）等的名著。

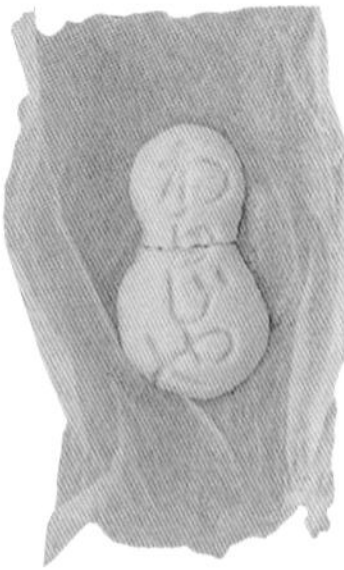

＜わらじや＞乾點心

在谷崎潤一郎的『陰翳礼讃』中登場的、創業400年的老鋪料理店。店名是取自豐臣秀吉在此地休息時脫下草鞋的故事而來。菜單只有鰻魚料理套餐一種。

＜開化堂＞茶罐和茶匙

明治8年創業、日本歷史最悠久的老鋪所生產的茶罐，經過每天的使用，銅製表面的觸感會有所變化。隨著歲月的累積有了更深的體會後，觸感會更為舒適。茶匙上可以刻上名字。

「ホテルフジ京都」清酒＜満つる月＞和浴衣

位於二条大橋鴨川的附近，是一家在舊藤田男爵館邸遺址所興建、以古時貴族乘坐的牛車為標記圖案的旅館。從面向鴨川的房間，可以一望東山、比叡山、大文字山。推薦有千鳥圖案、向外突出外牆的和室。

＜七条甘春堂＞煎茶器

若是沒看到「這個容器是用餅乾做成的」的注意事項，可能就會誤以為是真的容器，也可能會倒入日本茶，錯當作是茶碗來使用了。容器裡裝的是茶點。

＜ヤサカタクシー＞四葉幸運草貼紙

以三葉為商標的＜ヤサカタクシー＞，在京都市內僅有幾台是以四葉為標記的車輛。若是搭乘這些計程車就可以獲得「四葉的幸運草貼紙」作為紀念，聽說可以實現願望。

可愛的護身符、可愛的神籤

在京都，有許多可愛樣式的護身符——神籤。無關乎有無信仰，不知不覺我的抽屜裡，已經集滿了各式的小神明。其中我最喜歡的是「火柴盒神籤」和「貓咪護身符」。

「火柴盒神籤」是從友人那兒聽說，好像有這樣的東西，我花了兩年才找到的。「貓咪護身符」是在書店翻閱雜誌時得知的，愛貓者的我馬上就跑去買了回來。

神明的存在與否，我有時相信、有時不信。運氣差或發生不好的事時，就會悲觀地覺得「神明是不存在的」。當抱著有拜就有保佑的心態時，就會誠心地祈求「神明幫幫忙」。神籤也是一樣，抽到大吉的籤詩時，就會很開心地相信，但抽到兇的籤詩時，就會當沒這回事。

不過，當不確定存在與否的神明加上「可愛」的元素後，心境上竟然會變得比較相信，實在是很不可思議。可愛，對女孩來說，就類似像是神明般的作用吧。

ピタリと当たる
おみくじ燐寸

京・熊野神社御守護
火難除け
意匠登録済

可愛的護身符、可愛的神籤

由上至下／＜熊野若王子神社＞火柴盒神籤。＜稔念寺＞貓咪護身符。
＜熊野神社＞矢田鴉火災護身符。＜六角堂＞鴿子神籤。

河井寬次郎紀念館（map1-1）
京都市東山區五条坂鐘鋳町569　TEL：075-561-3585
開館時間 10：00～17：00（入場到16：30為止）
公休日：週一（遇假日則隔日休）

わらじや（map1-2）
京都市東山區七条通本町東入ル西之門町555
TEL：075-561-1290
開館時間 11：30～14：00／16：00～19：00LO
（週六・日・假日照常營業）
公休日：週二

尾杉商店
京都市中京區御幸町三条下ル海老屋町315
TEL：075-231-7554

ホテルフジタ京都
京都市中京區鴨川二条大橋畔　TEL：075-222-1511

イノダコーヒ本店（map2-3）
京都市中京區堺町通三条下ル道祐町140　TEL：075-221-0507
開館時間 7：00～20：00
公休日：無休

有次
京都市中京區錦小路通御幸町西入ル鍛冶屋町219
TEL：075-221-1091
開館時間 9：00～17：30
公休日：無休

市原平兵衛商店
京都市下京區堺町通四条下ル東側　TEL：075-341-3831
開館時間 10：00～18：30（假日11：00～18：00）
公休日：不定時公休

開化堂
京都市下京區河原町六条東入　TEL：075-351-5788
開館時間 9：00～18：00
公休日：週日・假日

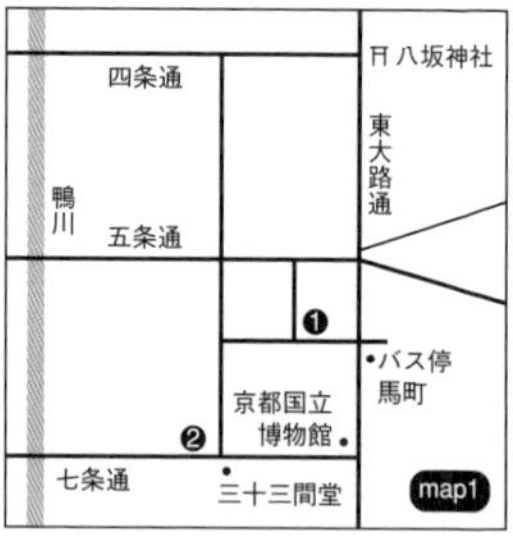

10月　情人的照片

不管是多麼會照相的人
都比不上愛情這個濾光鏡。

戀愛中的他
為喜歡的女孩拍攝相片的時候
會將這個在戀愛中、被愛包圍中的女孩
拍成這個世界上最可愛的人。

【水路閣～インクライン】

是作為「琵琶湖疏水」的一部份所建造的インクライン（傾斜鐵道）。從鄰接南禪寺、紅磚瓦建造的拱門・水路閣開始一直到傾斜鐵道的終點，可以蹬上鐵道遺跡拍攝照片，是情侶照片的最佳拍攝景點。

【京都市動物園】

明治36年、為了紀念大正天皇的結婚所興建的。在日本是僅次於上野動物園的悠久歷史。除了有約１７０種類的動物外，還有摩天輪、小汽車等令人懷念、色彩繽紛的有趣遊樂設施。重新回味童年時光，大口吃著霜淇淋，和情人一起來玩吧。

情侶照片

這是一位很熟的朋友和男友兩人，從大阪來京都我家過夜遊玩時的事。

兩人熱烈地討論京都觀光的話題，還將數位相機拍攝的照片給我看。朋友平常就是個會化妝打扮、有女人味的人，男友則是像以前的電影明星般一副很酷的表情。

但是，他拍攝照片中的她，和她拍攝照片中的他，都和在我面前的兩人不太一樣，就像是用了特殊的濾光鏡般閃閃發亮。

特別是在傾斜鐵道的水路閣的照片。從紅磚瓦拱門的柱子，只照到朋友臉的那張照片。我覺得有一股看到荒木經維氏在蜜月旅行中，他的妻子陽子所拍攝的照片集『センチメンタルな旅』時一樣的感覺。

他們已經交往4～5年了，之前我從沒有思考過這兩人是如何看待對方的，但現在我卻當著他們的面前由衷地說著：「你們真的是在談戀愛呢」。

說起來，我也常常在朋友給我看的旅行或日常生活的照片中，發現朋友有我平時見不到的另一面可愛表情，這應該就是加了戀愛濾光鏡的因素吧！我覺得好像解開了謎團。

「未來的另一半啊，蜜月旅行時可別忘了帶相機喔！」我許著願，沉沉地睡去。

【出町柳的河灘】

從位於出町柳車站前、橫跨鴨川的賀茂大橋往下眺望川面，可以看到千鳥和烏龜形狀的踏石。

【京都塔的展望食堂】

位於京都塔的13樓，可以一望京都市的展望食堂，有一條稱為Sky　Room的通道，可以在此接近天空的場所喝茶或用餐。平日人潮稀少，很適合一個人閱讀或書寫東西，或是與男女朋友談天說地。也可以看到隔壁百貨公司頂樓的迷你遊樂園。

【進々堂】

位於京都大學的對面，1930年開店的咖啡館。附設的麵包店有黑田辰秋製作的桌子，掛在牆上華茲華斯的詩作「Rainbow」、蕾絲窗簾、裝得滿滿的方糖，感覺就像是置身於詩裡或小說中的空間般。

照片中的情侶們

自己，現在變得不太照相了。以前，還常會在相機裡留下不想要忘記的事物。

男友，總是剛睡醒沒梳頭就趕來會合。每次見面，不同形狀的亂髮實在是太有趣，又可愛，即使他很不願意，我還是照了相。

男友，總是不加修飾的服裝和髮型。但是我，卻總是儘可能地打扮到最漂亮才會出門的。洋裝，項鍊，頭髮繫上蝴蝶結，還有噴灑一滴香水。

現在想起來，那個時候時間明明很多，但卻總是覺得「沒時間了」而慌慌張張的……。

在小小的動物園裡，走了兩、三圈。喜歡從摩天輪眺望的景色，所以反覆坐了好幾趟。在京都塔的展望食堂裡，總是聊著天或是沉默地待了好幾個小時。我只要有一點點特別的事，就會跑到咖啡館喝咖啡吃蛋糕來慶祝。比如說，像是找了好久的書終於找到了，或是飼養的貓咪過生日。

因為想要拉長在一起的時間，所以故意不走橋、而走踏石渡過河川。看著那樣的我，男友有點覺得麻煩似的幫我照了相。

每年，都會翻閱一遍相簿。但是，很難去慢慢翻閱。因為我拍攝的照片，裡頭有太多戀愛中的心情。對於這些已經是逝去回憶的照片，美得令我覺得痛苦。

京都姑娘點心圖鑑　其二

曾經在情人節的回禮，收到東京・神保町的洋菓子店〈柏水堂〉的糖炒栗子。「怎麼會這麼瞭解我的喜好，真是太聰明了！」瞬間就喜歡上這個男生了。因為女生其實是很單純的，只要送給她用可愛包裝紙裝飾的點心，有時就可以擄獲芳心了。

有一位男性友人，因為該送什麼生日禮物給暗戀的女生而煩惱著，跑來向我詢問。

因為又不是在交往，所以比起貴重的東西，還不如以不會讓對方困擾的價位，選擇會讓女生開心的東西。所以建議他：「嗯，那郵購〈村上開新堂〉的罐裝餅乾如何？女生對京都有強烈的憧憬，加上甜食對戀愛也有加分的效果呢！而且若之後知道這份禮物並不是這麼容易就買得到的，女生也會更加地開心吧！」

一個月後，我收到了〈村上開新堂〉的餅乾。

松風
CAFE BOULANGERIE
Le Petit Mec

京都姑娘點心圖鑑　其二

從左上開始／＜塩芳軒＞千代結。＜亀屋陸奥＞松風。
＜Le petit mec＞紅茶布丁。＜京華堂利保＞陣雨雨傘。
＜二條若狭屋＞不老泉・善哉。＜京華堂利保＞年糕紅豆濃湯竹之露。
＜塩芳軒＞貝類。＜末冨＞彩色氣球。＜二條若狭屋＞不老泉・抹茶。

京都塔展望食堂
京都市下京區烏丸通東塩小路町　TEL：075-361-3215
營業時間 11：30〜19：00（LO18：30）
公休日：無休

進々堂（map1）
京都市左京區北白川追分町88　TEL：075-701-4121
營業時間 8：00〜18：00
公休日：週二

水路閣（南禅寺）
京都市左京區南禪寺福地町　TEL：075-771-0365

京都市動物園
京都市左京區岡崎法勝寺町　TEL：075-771-0210
開園時間 9：00〜17：00（3〜11月）／9：00〜16：30（12〜2月）
公休日：週一（遇假日照常開園，隔日休園）

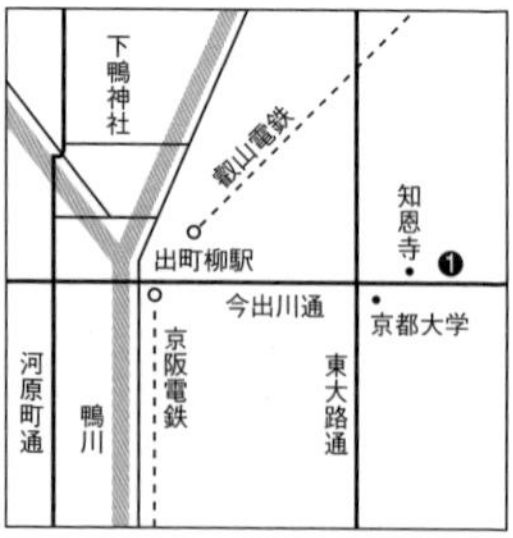

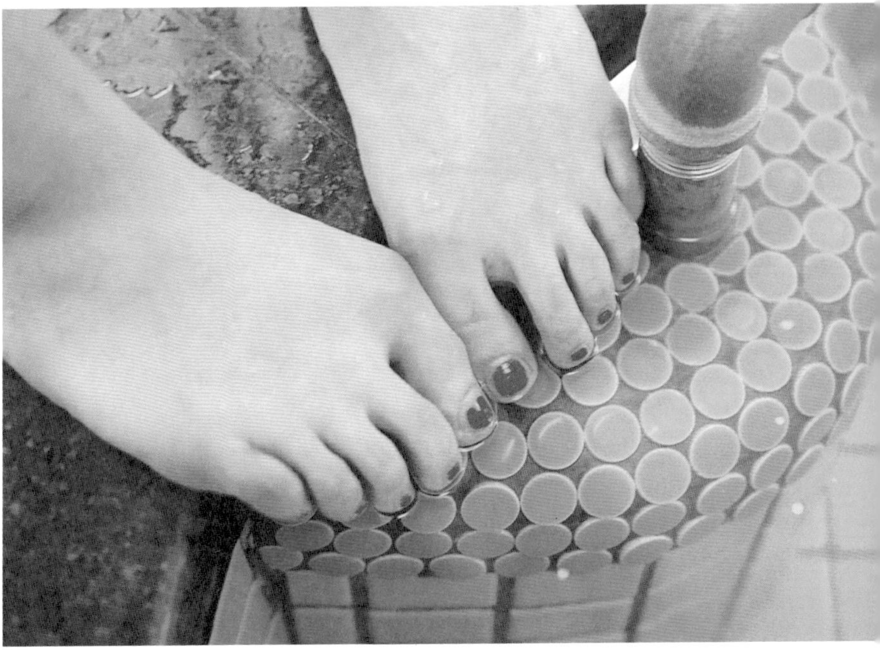

11月　父親和女兒的京都約會

的確已經
不能再像小時候般
牽著父親的手。

只是一起
默默地走著
光是這樣
就很開心了。

今天就由我
帶您遊覽京都，
還有請您喝茶吧。

煙草すふ顔の淋しきショールかな（妳抽菸時的寂寞臉龐，讓我感覺好不真實。）甲斐遊系

遊系唸成「Yu-shi」，是我父親的筆名。

這個俳句，是父親在和我一起同遊京都後，寫在明信片上寄給我的。我在京都生活的時期有抽菸的習慣，所以只要想起這個俳句，就會浮現出京都的事物。

父親是高中的國文老師，也是俳句詩人。老是黏著父親的我，自然而然地從父親身上學會了語言的旋律，雖然不是俳句詩人，但希望能成為一個「編織語言」的人。

從小學的高年級開始，我展開了大家都經歷過的對父親的反抗期，有好幾年的時間我們都不太說話。在大考前，抱著可能會被反對的決心，聲明「我想要念藝術大學的文藝學系」，父親回答：「人不能光靠麵包活著，藝術也是

很重要的」，馬上就贊成了。在那一瞬間，我的反抗心消失的無影無蹤。

從那個時候一直到現在，我自己考慮決定的事，父親從來沒有反對過，反而，總是在我背後推著我往前走。

從大阪搬到京都，選擇了非正職的契約工作型態、在東京開店，雖然對於自己選擇的道路，有時還是會覺得迷惘，但最後總會感受到父親的支持，所以才能繼續往前進。

一個人生活已經將近十年了。在這十年間，和父親一起去了大阪、奈良、銀座、淺草等各樣地方。據說每次父親回家後，總會像個小男孩般地，向母親和祖母報告說：「我和ＭＩＮＯＲＩ（本書作者的名字）約會回來囉」。

在京都，也和父親約會了好幾次。有關咖啡館和料理店等的店家文化多為我先介紹，之後的歷史則由父親再告訴我。我和父親的擅長領

域總是一半一半，所以我們多是安排寺廟佛堂和咖啡館交互造訪，只有一次完全是我帶著父親遊逛的。

剛好是草木變紅的美麗季節，父親從靜岡來京都，我把喜愛的披肩從衣櫥裡取出披上，出門前往相約碰面的場所。「川通千本西入ル南側的〈靜香〉咖啡館」。

在棋盤狀街道的京都，只要對當地有些概念的人，即使沒有地圖也能光靠地址就找到目的地。

父親比我先到約好的場所，坐在最裡面的座位啜著紅茶。較慢走進店裡的我，即使介意父親在面前，還是先點了一根菸。如果說斥責抽菸的女兒是母親愛的表現，那麼默許以待就是父親的職責吧。

雖然可以感受到父母的關愛，但是當時每天感到迷惘不已的我，臉上也許的確是充滿著悲

傷。父親，看透了我的心思，為了傳達「他真的懂得」的心意，所以才送給我那首俳句的吧！在靜香店裡，我告訴父親：「這裡是上七軒的藝妓所開設的咖啡館，我常常會在這裡寫稿子」。

因為到了中餐時間，我們前往靜香附近、一家叫做〈西陣　鳥岩樓〉的雞肉料理店。這裡只有中午兩個小時的時間有供應親子蓋飯。一直以來，我就很想帶喜歡蓋飯的父親一起來這裡品嘗。

穿過茶室樣式建築的町家二樓的房間，才剛坐下，用白色、樣式簡單的飯碗裝盛的親子蓋飯和雞湯就送上桌了。中午的菜單只有親子蓋飯一種而已，所以不需要特別點餐。親子蓋飯的特徵就是除了雞肉、雞蛋和山椒以外，沒有再放其他的配料。邊說著「好好吃」，邊很快地把親子蓋飯吃完了。

「吃了多少就要走多少路」，這是父親的一貫主張。我們穿過目前京都五個花街中，歷史最悠久的上七軒，到北野天滿宮附近散步。

「北野天滿宮被燒毀後，用修復後留下的木材，所建造的七軒茶屋就是上七軒的起源。而藝妓之說的起源，則是因為北野天滿宮的巫女只能是由少女來擔任，所以長大後的女性就轉而在茶屋裡倒茶了」，一路上父親告訴我許多經過場所的歷史。

在祭祀學問．文藝之神─菅原道貞的北野天滿宮，總是有親子誠心地在此祈求。父親和母親說他們也總是向神明許願「女兒的幸福」，為了報答他們，我祈求了父母親身體健康，順便有點貪心地也祈求了自己的未來。

下午三點，兩人走得累了，所以搭了計程車前往〈船岡溫泉〉。在關西，以「～溫泉」命名的錢湯很多，船岡溫泉也是其中之一。它是

一家自大正12年開始營業、位於西陣的錢湯。

鏤空的欄杆、立體裝飾樣式花紋的磁磚、天井的木雕天狗，建築物本身就很有珍貴的價值，泡湯的種類也有檜木的露天風呂和三溫暖等多樣可以選擇。還有，飄散著舊時代風情的三星錢湯。「1小時後大廳見囉」和父親在入口處分開，在時間還很早的午後享受在大浴場泡湯的悠然自得。

在泡湯時，想起了有一年春天，和父親沿著盛開櫻花的鴨川，從出町柳走到三条的事。明年，如果能夠約母親三個人，一起欣賞京都的櫻花那該有多好。

泡完了湯，身體還暖和和的，我們又到了上七軒去。這次和父親的京都約會最主要目的，就是去西餐廳〈萬春〉品嘗它的燉牛肉。和父親說很想要吃看看，所以父親說要請客。「那麼，其他的店都我請囉」和父親約定後，前往

了北野。

在原本是茶屋後來改建為紅磚造西洋建築的這間餐廳，父親點了「本月推薦晚餐」，我則點了「燉牛肉晚餐」，還先喝了一杯啤酒。

父親和我喝酒的時候臉上表情很開心，還勸酒「日本人就是要喝日本酒才行」地要我喝。但是不像父親，我酒量很差，是不太能喝酒的。不過總想著有一天可以和父親品嘗日本酒，所以常會將酒含在嘴中去適應它。

用餐時的話題，是延續著白天的話題，關於上七軒周邊在不同季節時的風景。每年2月25日在北野天滿宮舉行的梅花祭、4月在上七軒歌舞練場的北野舞、7月到8月的夏天期間，在同一個歌舞練場的庭院處營業的啤酒屋，會有舞妓或藝妓負責招待顧客等，父親和我兩個人分別交換自己所知道的事。

悠閒地享用完美食後，已經是晚上8點了。

從早上開始就到處遊逛、講了許多話，還喝了酒，父親看起來已經有點睏了。搭了計程車前往位於出町柳的我家，幫父親鋪了床被後，兩人早早地就寢了。

隔天，我送要回靜岡的父親到京都車站。「要加油喔」父親總是在離別前，會跟我說這句話。而每次我聽到這句話，也都會很單純地生起一股一定要加油的心情，並在心理說著「有一天我會孝順你們的」。

愛戀的京都雜貨

從京都回來的友人，有次不經意地從背包裡拿出一小盒東西，裡頭是〈リスン〉的粉底。這個香甜的味道和她的擦粉動作，竟不可思議地竟讓我覺得雙頰通紅。所以之後每當我去京都，只要發現很便宜、手掌大小的可愛雜貨，除了自己用的以外，還會多買幾個不同顏色或不同形狀的。

回來東京後的幾天，會將其放在背包裡頭，當碰到朋友的時候就會取出來說「請收下」，當作是個出其不意的禮物。到不像是送「紀念品」，反而像是「播種」似的，是我自己一個人私藏著，對京都和雜貨的愛情。在溢出來之前，自己先將它拿出來與大家分享。當將這些可愛的京都雜貨送給沒見過的人時，自己總會帶著「很漂亮吧？」的心情，也許是心理作用吧？總覺得對方的臉頰也像是染上了粉紅色般。

希望這對小小雜貨所懷抱的戀愛般感覺，可以成為我的精神支柱，照亮我心裡叫做悸動的情愫。這是，現在致力於創作出女性憧憬雜貨的，我的願望。

資生堂紅
朝顔香
おしろい
Powdery floral
JAPANESE LANTER
UN
PARASOLS,
MAD

愛戀的京都雜貨

由左上開始／＜豊田愛山堂＞香袋「玉の枝」。＜豊田愛山堂＞香袋。
＜幾岡屋＞蝴蝶和花朵的髮飾。＜豊田愛山堂＞5種焚香。
＜幾岡屋＞資生堂舞妓紅。＜香彩堂＞焚香「朝顔香」。
＜豊田愛山堂＞紅乙女焚香的香袋「絵かるた」。＜松栄堂＞香袋。
＜リスン＞焚香「おしろい」。＜香彩堂＞蘋果和糖果的香台。
＜洛中ろうそく＞雪結晶模樣的蠟燭。＜豊田愛山堂＞4種焚香。

靜香
京都市上京區今出川通千本西入ル南側 TEL：075-461-5323
營業時間 7：00～19：00
公休日：第2～4個週日（第4個週日的25日照常營業）

西陣鳥岩楼（map-2）
京都市上京區五辻通智惠光院西入ル五辻町75
TEL：075-441-4004
營業時間 12：00～21：30
公休日：週四

萬春（map-3）
京都市上京區北野上七軒真盛町712　TEL：075-463-8598
營業時間 17：00～23：30
公休日：週三

北野天満宮
京都市上京區馬喰町　TEL：075-461-0005

船岡温泉
京都市北區紫野南舟岡町82－1 TEL：075-441-3735
營業時間 15：00～1：00（週日・假日8：00～）
公休日：無休

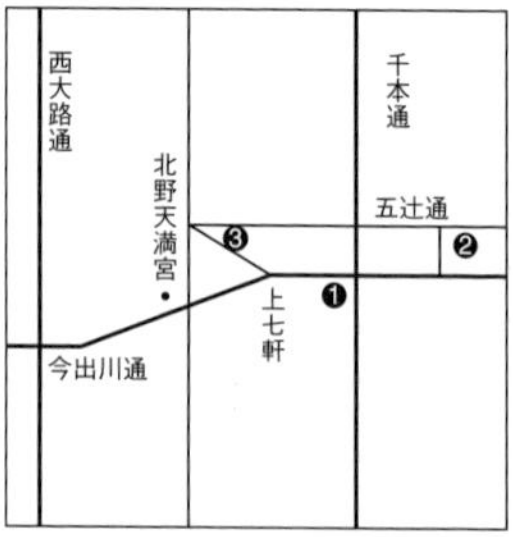

12月　美味的回憶

關於這個城市的回憶
可說是以和誰一起走過這條街道
和誰一起吃了什麼
在哪個咖啡館
閱讀了那個人的來信
這樣的回憶建構的

在京都吃過的所有食物
都是回憶

京乾物
ポイントカード
加盟店
木源
錦市場ポイントカード
加盟店

【錦市場】【富美家】

市場，就像小時候總是很期待的廟會般，光是經過心就會噗噗跳了。在「京都廚房」的錦市場，雖然知道這裡一年到頭都擠滿了觀光客和當地民眾，還是特地繞進去，享受被京都食材包圍的滿足感。

若是肚子餓了，可以到錦小路通堺町的〈富美家〉小憩一番。喜歡這家店的理由除了東西好吃以外，客群幾乎都是畢業旅行的學生，還有年紀較大的大嬸們。就像是去奶奶家般地，令人覺得輕鬆自在。

在京都享受吃喝的樂趣

中學的時候，曾經因為不吃營養午餐，而被叫去約談。「為什麼不吃呢？」面對老師的提問，我只是沉默以對。那個時候，有個喜歡的男生就在同班。營養午餐的時間必須要男女的桌椅相對面合併起來，我當時一直無法習慣。「在喜歡的人的面前，雖然不是說非常非常喜歡，但還是無法在他面前吃東西」那樣的心情，有誰能懂呢。一直到上大學為止，我都是喜歡一個人安靜地吃東西。

在京都生活的期間，遇到了喜歡吃東西，以及對生活中「吃」這件事的價值觀類似的人，這才發現和相契合的人一起吃飯的樂趣。

對美食擁有豐富的探索心，不喜歡吃東西時小里小氣的。和這樣的朋友們，一起到錦市場或出町柳商店街買食材回來自己煮，也曾經不管價位而豁出

去，只為了「累積經驗而前往品嘗美食」。

每月一次，會前往備受好評的老鋪或剛開張的新餐廳，還有從對店家裝潢有興趣，相熟識的美食通咖啡館老闆那兒聽到的有趣店家。

北白川〈一心〉的牛肉鍋「一心鍋」。丹山公園裡的〈いもぼう平野家本店〉用京都蔬菜的蝦芋和鱈魚一起煮的「蝦芋鱈魚御膳」。〈晦庵河道屋〉的茶蕎麥麵加上白蘿蔔泥和山椒味烤雞肉的「白蘿蔔泥蕎麥麵」。錦市場〈冨美家〉的「雜燴粥烏龍麵」。〈祇園にしむら〉的「鯖壽司」。

這些都是我常會想到出神、連夢裡都會出現的美味。關於京都的回憶和憧憬，美食總是存在。

京都的美味

奧丹的湯豆腐

住在京都的時候，對於旅遊書上會介紹的湯豆腐或豆腐皮料理等的店家，我很少去過。所以每當有人來京都遊玩，問我「哪裡有可以享受京都氣氛的代表性料理店？」的時候我都很困擾。大部分是推薦位於蛸藥師堺町的豆腐料理〈豆菜〉，現在則多回答位於南禪寺山門左手邊的〈奧丹〉。

這裡是我向打工時的前輩詢問「若要吃湯豆腐，您推薦哪裡」時所得知，最近才第一次造訪。之後就完全愛上了它，去吃過好幾次。

庭院裡有池塘和鋪著紅毯的座位等京都風格的擺設。菜單，就只有胡麻豆腐、山芋湯、烤木芽串、素炸品、白飯和可以重複加料的湯豆腐的一種套餐。裝湯豆腐的土鍋，還會以炭爐來保溫。創業已有360年傳統的奧丹湯豆腐，可說是京都美味的代名詞。

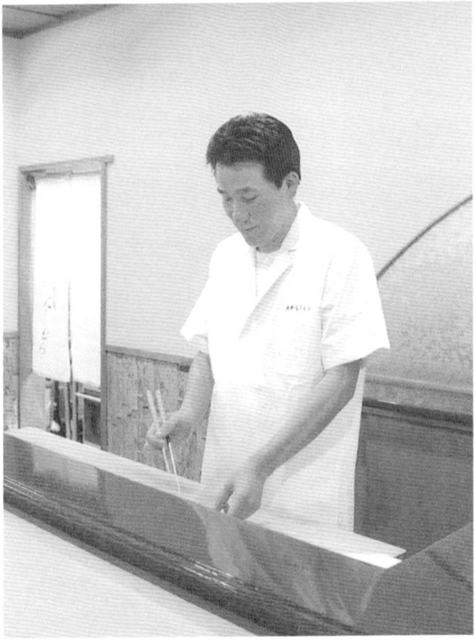

京都的美味
祇園にしむらの的鯖壽司

在京都期間，每週會有幾次到打工的高級日本料理店〈祇園にしむら〉。我從老闆、老闆娘、年輕專業技術高超又有個性的料理大廚、師傅、打工的員工那兒，學習到許多工作與待客上的態度和方法。

和服的著裝方法、料理的順序、料理和花街柳巷特別的言語表現、謹慎地迅速地完成日常瑣事、傳統、美學意識、相互幫忙的態度。深深地覺得原來學會不知道的事物，並牢牢地記住是這樣有樂趣、讓自己視野大開的一件事。

にしむら的名物—鯖壽司，是在套餐料理結束後才會上菜的一品，所以也可以外帶回家。我以前很喜歡看到客人品嘗時臉上浮現的高興表情。從冬天到春天會搭配千層鹹菜，其他以外的季節則是搭配昆布一起享用。

雖然京都有許多提供鯖壽司的店家，但沒有一家比得過にしむら。在所有我吃過的當中，這真是最好吃的。

京都料理簡單食譜

每次我從京都回來，總是比平常更熱衷於料理。這裡介紹幾種我學會的京都簡單料理。

半兵衛麩的「烤麩」

用半兵衛麩的烤麩製作「烤麩布丁」

■材料：烤麩、牛奶、蛋、砂糖

■作法

1. 將砂糖加入溫牛奶中，放涼至體溫程度。
2. 將蛋打在另一個碗中，蛋白蛋黃打均勻後，加入1混合做成布丁汁。
3. 將布丁汁倒入放好烤麩的容器，約容器的八分滿。
4. 用蒸籠或烤箱蒸30分鐘。以竹串刺穿，確認是否蒸熟。稍微散熱後，放進冰箱冷藏。

「麩洋蔥焗烤湯」

■材料：烤麩、洋蔥、塊狀湯頭、起士條、麵包粉

■作法

1. 將洋蔥炒至褐色。
2. 將溶解後的塊狀湯頭和烤麩加進1裡。
3. 當烤麩膨脹後，將湯汁倒進湯盤，起士條和麵包粉灑在湯上。
4. 放進烤箱，烤至適當顏色。

由右至左）〈村山造醋〉帶有芥末味的「都醋味噌」。〈村山造醋〉薄口醬油加上柑橘果汁的「綜合醋　甘露千鳥」。〈かね松〉沙拉醬「胡麻醬汁」。〈菊乃井〉好用的料理調味醬「萬能和食之素」。

用本田味噌本店的白味噌製作「京風雜燴粥」

■材料：白味噌、頭芋、小芋、白蘿蔔、紅蘿蔔、圓形年糕、柴魚片絲（細柴魚片）

■作法

1. 將頭芋、小芋、切成圓狀的白蘿蔔、紅蘿蔔煮熟。
2. 圓形年糕不用烤，另外用水先煮過。
3. 將白味噌溶解後，用微火煮。
4. 將1和2放進碗裡，倒入3後，再將柴魚片絲滿滿地鋪在其上。

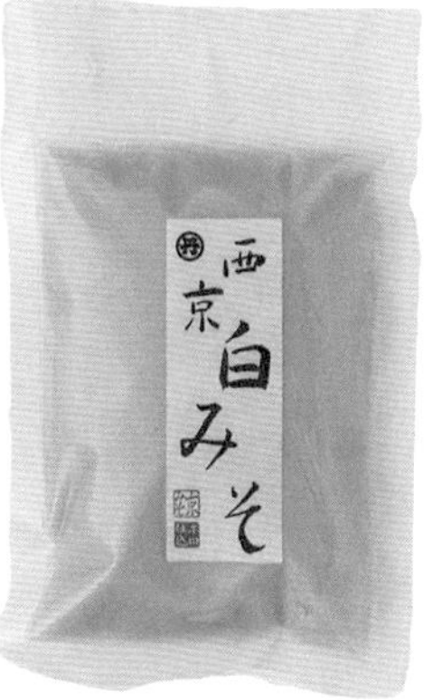

本田味噌本店的「白味噌」

用湯波吉的豆腐皮碎片製作「豆腐皮蓋飯」

■材料：豆腐皮碎片（普通的豆腐皮也可）、醬汁、洋蔥、蛋、白飯、粉山椒

■作法

1. 用醬汁將切片的洋蔥炒軟。
2. 加入豆腐皮碎片，煮至醬汁變少為止。
3. 加進蛋汁，放在白飯上。
4. 依個人喜好灑些粉山椒。

湯波吉的「豆腐皮碎片」

由右至左）〈原了郭〉加在味噌湯裡的「粉山椒」。〈八百三〉像果醬般塗在吐司上也很好吃的「柚味噌」。〈千丸屋〉為料理增加可愛度的「蝴蝶豆腐皮」。

我所創作的京都雜貨

我在京都開始的雜貨品牌Ｌｏｕｌｅ，是以「抒情的創作」和「女性永遠的憧憬」為主題。我希望創作出讓購買的人覺得懷念或嚮往，並且想要「好好珍藏」「送給別人」的作品。第一號商品是一箱１００日圓的火柴，我將它寄放在京阪神的雜貨屋和唱片行的收銀機旁販售。

自從將據點移到東京後，當原本不知道Ｌｏｕｌｅ是京都品牌的人，對我說「你的作品，很有京都的味道呢」的時候，比任何讚美的話都讓我來得開心。因為對我來說，在京都看見的任何事物，都是我創作的原點。

有一次，我從東京寫信給京都的咖啡館・六曜社地下店的老闆和老闆娘・美穗子，「希望能讓我製作六曜社的包裝紙」。後來創作出來的作品，是以六曜社的咖啡豆和甜甜圈、火柴盒為設計的樣式。若是能夠永久地受到歡迎，成為京都的特有紀念品該有多好呢。

Classic
Bid
in
Kyoto
La tour Kyoto et Bid
ROKUYOSHA
COFFEE
ROKUYOSHA
COFFEE

我所創作的京都雜貨

下方的鋪紙／六曜社地下店×Loule 咖啡豆・火柴盒・甜甜圈模樣的包裝紙。
照片從上開始／特別在舞扇堂訂做、山本祐布子設計的扇子・連環結和圈環。
繫上Bid・京都塔・千鳥的鑰匙圈（ベルメゾンで販售。現在已結束販售）。
六曜社地下店的咖啡杯＆底盤和甜甜圈盤（ベルメゾンで販售。現在已結束販售）。

錦市場（map1-1）
京都市中京區錦小路通

総本家ゆどうふ　奥丹　南禅寺店（map2-2）
京都市左京區南禪寺福地町86-30　TEL：075-771-8709
營業時間　11：00～18：00
公休日：週四

祇園にしむら（map3-3）
京都市東山區祇園町南側570-160　TEL：075-525-2727
營業時間　17：00～21：00（LO）
公休日：週日

1月　可愛的記憶

一劃火柴　就想起來
一熄滅火柴　就忘掉
一喝咖啡　就想起來
一吃甜甜圈　就忘掉

想起來　忘掉
在咖啡館裡玩弄著記憶

痛苦的記憶　開心的記憶
當過往雲煙的時候
不管什麼記憶　都是可愛的

在京都過新年的記憶，是很安靜的。從除夕的晚上開始和幾個朋友一起喝年終酒，快接近零點的時刻，就前往從我家走路幾分鐘，可以到達的下鴨神社拜拜。下鴨神社依干支又分為不同的小社，我是龍年出生的，所以就到八千矛神社前，向神明打聲招呼以及許願，「請祝福我和他能夠相處地開心」。

元旦的早晨，一睜開眼就先打電話給男友叫他起床，約好一起吃新年的第一頓早餐。在除夕那天我已經預先準備好了，用小芋、頭芋、白蘿蔔加入〈本田味噌本店〉的白味噌，再加上圓形年糕和柴魚片，所煮成的京都風雜燴粥。還用在姉小路通御幸町的骨董店〈ANTIQUE belle〉找到的、有蓋的漆碗裝盛上桌。

雖然之前在假日的時候，也常會約男友一起吃早餐。不過那個時候總是買〈柳月堂〉的麵

包當早餐，和食對他來說很新鮮，所以他也很開心。「明年真想吃吃看〈下鴨茶寮〉的京風年菜呢」，兩人連明年的願望都先講好了。

一月四日，為了要去三条河原町的〈六曜社地下店〉，所以換上了〈MORIKAGE SHIRT〉的洋裝，準備出門。洋裝對我來說，是僅次於和服的正式服裝。只要穿在身上，就會特別意識到自己的女性身分，脊樑也會挺的直直的。化妝，也比平常更花了點時間。

六曜社只有在每年的新年期間，會將平常的火柴盒換成新春樣式的火柴盒。「只要拿到六曜社的新年火柴盒，那年就會有好事情發生」，所以對我來說，到六曜社地下店造訪的這件事，是和拜拜一樣的神聖行為。坐在地下店最裡頭的位置，將新春火柴盒放在兩手掌上，先行了個禮。

點了咖啡牛奶和甜甜圈後，男友在一旁畫

畫，我則寫些東西，兩人分別度過各自的時間。

六曜社地下店，是成就現在的我的場所。只要來到這裡心情就會變得暖和，而且這裡是可以將浮現出的靈感，轉換成為我所鍾愛文字的特別場所。

還沒移居到京都前的時候，有一次和友人一起去六曜社地下店，就在現在這張座位上，凝視著放在煙灰缸上的火柴，說出了「女孩並不是為了吸煙才點燃火柴，而是位了點燃火柴才吸煙的」這句話。自此之後，一直做著白日夢的我，才開始一點一滴摸索學習創作文字和雜貨。從小以來一直懷抱著「想要將憧憬的東西實體化」的想法，現在正是我的工作。

在這個特等席座位上，我將帶來的紙張和筆放在面前，開始寫信。寄給那些即使有時會想起來有時會忘記，但在記憶中裡確實總是存在

的重要的人。在〈京都鳩居堂〉和〈嵩山堂はし本〉購買了明信片和便箋。開始想著哪個人適合用哪種圖案的信紙時，大概是看到我既安靜又情緒高昂的不尋常樣子，男友像是自言自語般的說著「當女孩子真好」。

大約經過了1小時，兩人的事情都做到了一個段落的時候，就起身離開座位結帳。向老闆和老闆娘說了聲「多謝款待」後，走出了店外。

雖然在京都過著平常生活的時候，對於街上的建築物很少會認真地去細細品味它。但一到新年總會特別感受到存在感。林立著舊每日新聞社京都支局、櫻花大樓、京都文化博物館等大樓的三条通，是近代建築的寶庫。

其中最醒目的是，中京郵局。將剛剛寫好的信投進搖曳著新年旗幟的下方郵筒後，往回家的路上走去。

晚餐去吃了〈八百三〉的柚味噌串燒，和放入〈丁子屋〉豆腐和〈半兵衛麩〉麵麩的湯豆腐。餐後，去品嘗了從年底到1月中旬約2個月期間限定販售的〈一保堂茶舖〉的大福茶。

並沒有做些很特別的事情，男友和我，還有我的貓咪，就畫畫圖、聽聽音樂，還有逗著貓玩。比平常還要安靜的夜晚，這就是，我的京都新年回憶。

中京郵便局
NAKAGYO
POST OFFICE
郵便局
POST OFFICE
入口
出口
POST

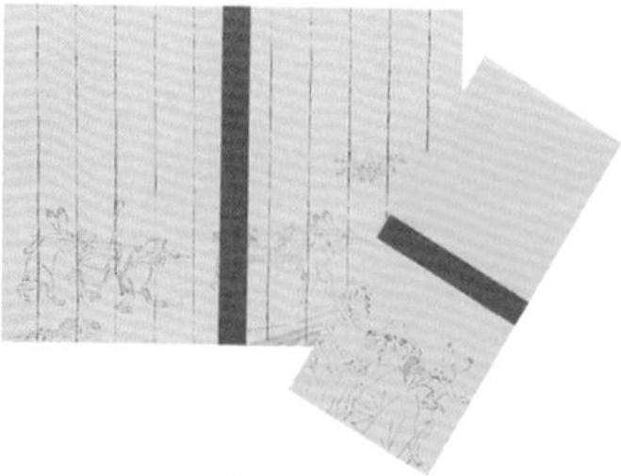

「さくら井屋」鳥獸戲畫信箋組

手工抄紙上，印上鳥獸戲畫的手工印刷木版畫的信箋組。用鋼筆書寫，墨水會透進去，形成有觸感的文字。

「さくら井屋」舞妓迷你信箋組

扮家家酒用的玩具錢、手掌大小的明信片和郵票。是我五歲的時候和姪子一起玩「寄信遊戲」時所買的。

京都信紙用品購買介紹

京都，是一個會讓人想要提筆寫信的城市。郵筒、便箋、明信片、印章，和信紙相關的漂亮東西，到處都可以看得到。郵票、風景印章等，觀光地附近的郵局所準備的郵戳，也有很多相當漂亮。

只要買了漂亮的明信片，就會在當天，找一間咖啡館或在旅館的房間裡，把發生的事、看到的事、感受到的事化成文字，並寄出去。

這些是我所收集的京都信紙用品，給大家作為購買的參考。

「鳩居堂」明信片

明信片上是簡單的色鉛筆畫，收信的人也覺得很輕鬆，所以我常在寄給男性友人時使用。

「鳩居堂」一筆箋

取名「ひとひら箋」，為手工印刷木版畫製作的一筆箋和信封的組合。和紙上，繪有現代少女圖，是少見的設計。適合寄給女性、書寫感謝內容時使用。

「嵩山堂はし本」文乃香

文乃香，是信紙用的香袋。女孩子，都喜歡貓咪。打開信封，除了有氣質的香味外，還有用紙做的小貓咪，收到的人一定會很驚訝的。我總是邊想像對方收到時的微笑邊封起信封。

「嵩山堂はし本」明信片

兔子和青蛙的相撲模樣、射箭的兔子等，以手工印刷木版畫的鳥獸戲畫，4張一組的明信片。我都用在寄給在京都照顧過我的年長前輩們。

「よーじや」便箋

以吸油紙知名的「よーじや」的便箋，常使用在寄給親密的友人，書寫內容輕鬆的信件。因為很可愛，之後還可以成為討論的話題。

「わびすけ」留言卡

是在喫茶處「わびすけ」的角落發現的信封、便箋、留言卡。每個款式都很有大人風格的可愛感。我總是在想，這究竟是誰的創作呢？

「唐長」明信片

擁有380年的歷史、以唐紙製作的唐長明信片。我選了12張，寄給父母當作禮物。我請他們放進漆框裡，並且每個月更換一張，放在和室當作裝飾。

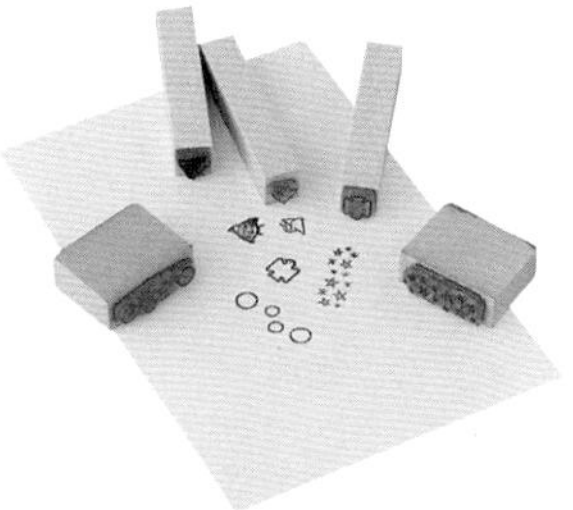

「田丸印房」印章

每次去京都，都會跑去買慢慢的收集，就是田丸印房的印章。在白色的明信片蓋上印章，創作出自己的圖案。下次，我也考慮要請他們製作地址的印章。

京都姑娘點心圖鑑　其三

我所敬愛的作家向田邦子，會將販售全國「美食」的店家說明，還有在報章雜誌上發現的，有關飲食的記事剪貼起來，收集在命名為「う」的整理箱內。當工作告一段落的時候，可以作為郵購的參考資料。

我也模仿她，用了一個命名為「京、お」的箱子，在那裡面，放著我努力收集而來的京都點心說明、包裝紙，連絲帶都捲好收藏著。

「京、お」代表的是，「京都可愛、好吃點心」的省略語。總是在內心想著「想去那家店」或是「想吃那個東西」，我每三天就會打開箱子一次，欣賞著指南和包裝紙。馳騁著思緒想像著，所喜愛京都點心的模樣形狀，簡直就像是個單相思的女學生。即使已經長大成人，還是會像十幾歲的時候，將喜歡的男孩子照片放在項鍊墜子中，一個人的時候才偷偷地打開般的舉動，看來現在我也還是一樣。

ハート昆布
五辻の昆布
京の乙女
乙女草
京わすれ
ぷりん
大極殿
五色豆
ライ
スカ
御菓子調進所

京都姑娘點心圖鑑　其三

從左上開始 / <五辻の昆布>心型昆布。<長久堂>鴿子浮巢。
<太極殿本舗>布丁。<大極殿本舗>千代寶。<ふたば総本店>京都姑娘。
<船はしや総本店>五色豆。<大極殿本舗>長崎蛋糕。<松屋常盤>味噌松風。

六曜社地下店（map-1）
京都市中京區河原町三条下ル東側　TEL：075-241-3026
營業時間　12：00～18：00
公休日：週三

ANTIQUE belle（map-2）
京都市中京區姉小路通御幸町東入ル丸屋町334
TEL：075-212-7668
營業時間　14：00～20：00
公休日：週三

京都鳩居堂（map-3）
京都市中京區姉小路上ル下本能寺前町520
TEL：075-231-0510
營業時間　10：00～18：00
公休日：週日

嵩山堂はし本（map-4）
京都市中京區六角通麩屋町東入ル　TEL：075-223-0347
營業時間　10：00～18：00
公休日：年底年初、于蘭盆節

さくら井屋（map-5）
京都市中京區三条通り河原町西入ル　TEL：075-221-4652
營業時間　11：00～20：00
公休日：無休

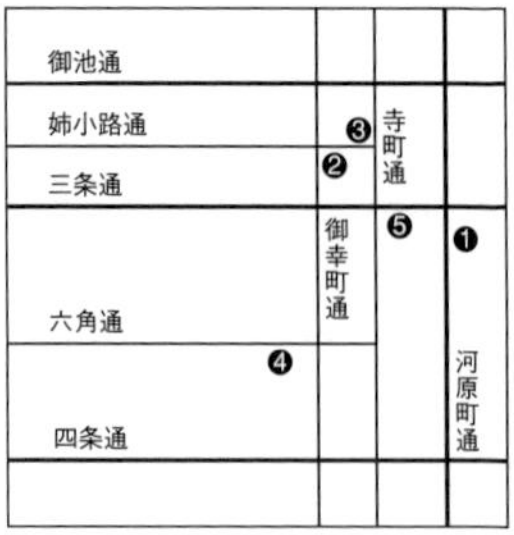

2月　隨心所欲的京都購物

在京都逗留的期間
留下了貓咪看家
有沒有乖乖地呀？　邊和牠打招呼
邊將買回來的東西
從袋子中取出來
整齊地排列好
貓咪也跟我一同欣賞著
有時會伸出手爪
稍微輕碰一下
「這個包裝袋和蝴蝶結給你吧」
我把它放在地板上
貓咪開心地玩了起來

我精挑細選買回來的東西
都是我掉落的「可愛」碎片

弘法大師與天神大師

在大阪度過大學生活的時候，每月的21日或22日，都會去四天王寺舉辦的廟會，盡情地購買唱片和二手衣。

京都在每個月裡，在弘法大師祭辰的21日，於東寺有舉辦稱為「弘法大師」（上段照片），和在菅原道真誕生日的25日，於北野天滿宮舉辦稱為「天神大師」的廟會活動。

也許和腹地的建築與範圍有關係，所以在腹地寬廣的場地所舉辦的弘法大師廟會，比較像大阪的四天王寺廟會般多采多姿，連生活用品、食材等也都有販售，完全就是「市場」的氣氛。另一方面，在天神大師廟會裡，

有販售面具、撈金魚等的露天攤販林立在參道兩旁，是只要提起廟會時，任誰都想像得到的風景。

我每次都會去弘法大師廟會，但不再像學生時代一樣購買唱片和衣服，現在主要都是看骨董。

因為，我擁有古物商的許可資格，所以看骨董也是學習的一環。

從在大阪的舊書店打工開始，就決定總有一天要取得販售舊書和骨董的古物商許可資格。在取得許可看板的時候，可以自己選擇是要書籍商或寶石商等的種類。原本一開始想選書籍商的，但最後還是選擇了道具商。每當有舉辦販售舊書或不要物品的活動時，我在會場的角落，悄悄立起「舊書生活」或「姑娘市集」的看板。

第一次前往天神大師廟會是最近的事。看到在搭棚上用彩色文字寫著「舀寶石」的攤販時，不禁靠了過去。在水槽裡盡是閃閃發亮的透明塊狀。不自覺地說出「好可愛喔」，店裡的大叔對還我說：「很漂亮吧！可以放在廁所的水箱蓋上」。

我想，我若是個小孩子，即使聽到大叔跟我說這是放在廁所水箱蓋上的東西，我也一定會認為是真的寶石，而將它放在寶物箱裡收藏吧！這讓我想起了有一次在廟會，有個人送給我的玩具珍珠項鍊和鑲有鑽石戒指的事。

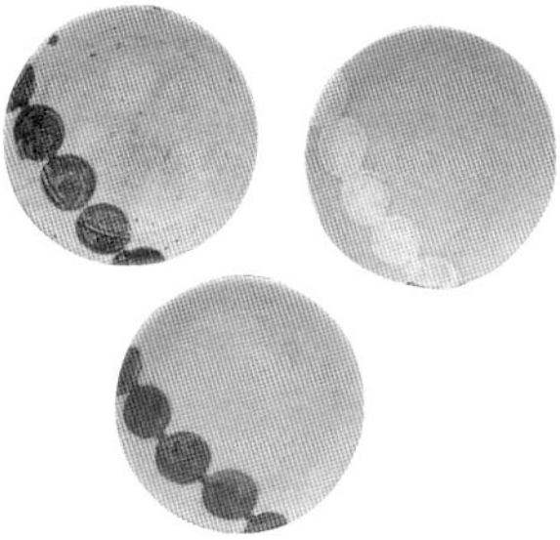

照片從上開始）在東寺的弘法大師廟會中買的、有點年代的「都舞」盤子。佐野繁次郎設計的「PAPILIO化妝品」容器。

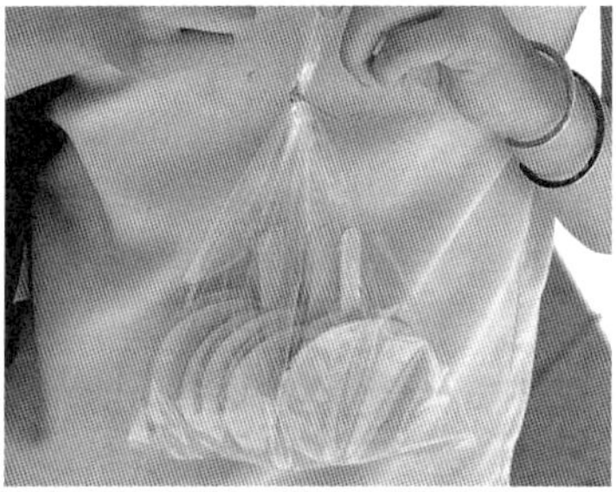

隨心所欲的京都購物

進了大學，在學校裡的書店買的第一本書，是已經休刊的「太陽」（平凡社）雜誌的植草甚一特集。因為很喜歡封面的「タモリ（TAMORI）」名字，所以就買了下來。那個時候，我還不認識植草甚一，只是單純地喜歡タモリ。但由於這個契機，大學的畢業論文我甚至還以植草甚一為研究主題。

會對植草展開興趣，除了他在爵士和推理的評論家的一面外，讓我更有興趣的是他的打扮、學識淵博、喜愛京都、將購物描述地像是文化般的這一面。

「我出去散步若是不買點什麼東西回來，就不算出去散過步了。（中略）每次一回家就會把買來的東西，從包裝紙裡取出放在桌上，然後看到入迷，疲勞感也因此消失地無影無蹤。」（節錄自〈Pierre Cardin漂亮化妝瓶和最近的書之介紹〉「裝苑」1974年）。

像植草這樣做自己喜歡的事、生活在當下的姿態，讓我身有同感也很嚮往。

對我來說，購物是每天的精神食糧。雖然對若是每天沒有買點什麼，就好像一天沒有結束般的性格，感到有點罪惡感。但在認識植草氏之後，就覺得「這樣也很好啊」，自此理直氣壯了起來。

從大阪搬到京都的那天，在搬運完行李後，和來幫忙搬家的朋友一起出門上街。聽說京都有個叫「夷川通」的家俱街，所以就想去找看看有沒有新家所需要的東西。途中，被一家叫

¥105

做〈ハセガワ陶器屋〉的陶器店吸引了目光。進到店內，感覺就像入了寶山般，茶杯、茶碗、茶壺、盤子、骨董食器，都以便宜的價格販售著。

買到忘我的狀態，挑選了好幾人份的茶碗，最後是抱著一大袋走出店外。「你果然是個購物狂，那在京都不就更如魚得水了」。朋友預言的沒錯，住在京都，對享受購物樂趣的我來說簡直是停不了手。

不只骨董店和舊書店相當多，每年還有舉辦好幾次的大型舊書市集。連看起來普通的二手資源回收商店，也可以找到火柴盒、包裝紙、餅乾罐等的寶物。餅乾、麵包等可愛又美味的店家也到處都是。前往工作的路上經過的店家有很多，可以任我選擇。說起來，只要有１０００日圓就可以買到很滿足了，並非要浪費很多錢。

上次去〈ハセガワ陶器屋〉的時候，發現了和我六年前所購買的茶壺是一對的茶杯。在此之前，每當泡茶的時候，茶壺與茶杯都得用不同樣式的，現在終於可以配成一對使用了。

在京都，即使同一條路走過好幾遍，即使進到已經逛過的店家，都還是可以發現新的玩意，所以是一件很開心的事。

手把部分為鐵製的茶壺

紅色和綠色的小茶杯

底部有燕子圖案的菸灰缸

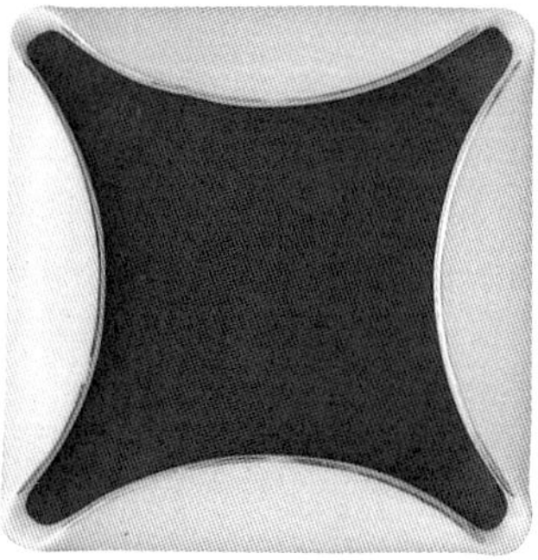

紅色的、像是牽牛花形狀的菸灰缸

【ハセガワ陶器屋】

位於京都的家俱店街、夷川通上的陶器店。「看到舊書店寫著「此區一律100日圓」，是很平常的一件事」，但連陶器也一樣，在店頭擺著，此區茶碗一律105日圓，由此就可以看出這家店有多有趣了。

京都的外帶美食

常常，會享受一下「奢侈的美食」。尤其是在京都。一年中只要幾次就夠了，想要讓20幾歲的自己對美食留下符合身分的奢侈經驗、感動的經驗。因為工作的因素造訪京都時，通常都是一個人來。所以當和朋友一同來旅行的時候，我總是比平常更加興奮，而且特別想要吃些特別的東西。

此時就會和同遊的朋友商量，因為自己還不夠格去訂位享受一番，所以就預約好可以「外帶」的食物。傍晚時分，進到老鋪店內領取預訂食物時的緊張感，總讓我喜愛極了。享用完蕎麥麵和小鍋燴飯的簡單晚餐後，就回到旅館，喝著酒來品嘗著外帶回來的食物。

有朝一日可以進到店內享用美食固然不錯，但為了達成目的，還得多學習些禮儀不可。為了那天的到來，現在的我還在學習中。

MANHARU
KYOTO
KAMIHICHIKEN
PHONE
463 8598
欧風料理
京都 萬春
寿
祇園
いづう
祇園
いづう

京都的外帶美食

從上開始 / ＜萬春＞豬排三明治。＜瓢正＞竹捲壽司。＜いづう＞鯖壽司。

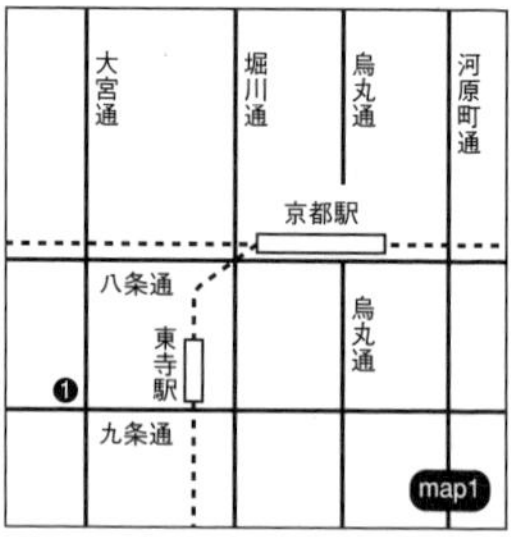

ハセガワ陶器店
京都市中京區夷川間之町角楠町590-3　TEL：075-231-0503

東寺（教王護国寺）(map1-1)
京都市南區九条1　TEL：075-691-3325

北野天満宮 (map2-2)
京都市上京區馬喰町　TEL：075-461-0005

3月　對京都的單相思

「憧憬」，是一種單相思。
因為喜歡所以去追尋
但即使拼命地伸出手去
也無法拿得到，感覺好痛苦。

愛上了京都這個城市
為了實現心底的願望，好幾次前去造訪
像是要告白似的漫步在街道中。
可是，道別的時刻
總是會來臨。

因為拿不到手，所以追尋
因為無法實現願望，所以美麗的東西，永遠
都會存在。
京都，是我永遠的單相思。

出町柳的回憶

〈三茶〉是離我家最近的一家咖啡館。常常會從一個人經營的老闆娘那兒，聽說以前的風光往事。店家的名字由來，據說是她深愛的先生「三郎」很喜歡「茶」，所以才以取名為〈三茶〉。雖然老闆娘說「還想再開個幾年」，但沒多久店就關了。

這幾年，〈ホワイトハウス〉〈ポケット〉…好幾家等我喜歡的咖啡館都紛紛結束了營業，讓我覺得很感傷。

時常在住家附近的出町柳周邊散步。即使沒有特別的事，也會到商店街的書店或超市晃晃，看看「本日的特價品」。還有一定會去的〈出町ふたば〉和〈柳月堂〉。有時會去三角州買東西來吃，或是去買要帶回東京的土產。也常會從出町柳走到今出川的〈わびすけ〉，然後再到京都車站搭地下鐵回去。

只要確認過我生活在京都當時營業著的店家，即使在我離開之後也繼續在營業，我就覺得很安心。

我會喜歡上、覺得不錯的店家，大多是有著「十年前就已經在這裡，十年後也應該會繼續在這裡」的店家。我總是在推開店家的大門時，心裡想著「老闆，我來了好幾次了，您還記得我嗎？」。

文具・贈答
みやぎ
鯖街道
出町
おた福屋
愛・地球博へご招待
スプリングセール
新 さくら餅
おはぎ
かしわ餅
TOEIC
SALE

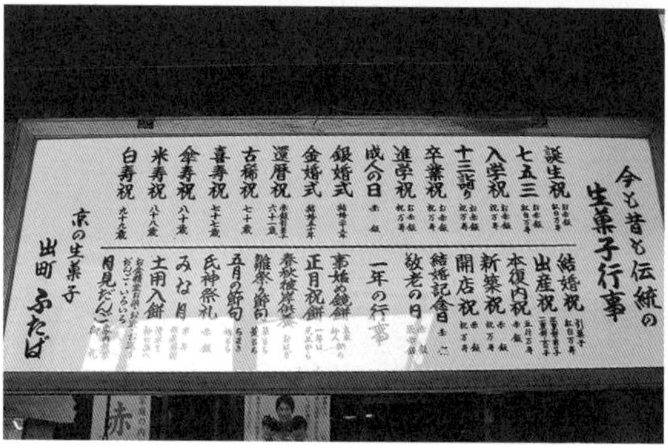

【出町柳の三角州】

想起了在春天賞花，夏天看煙火和烤肉，冬天欣賞現場表演後回家，前往附近拉麵攤販店的回憶。天氣晴朗的時候，會去買〈柳月堂〉的豬排三明治和〈出町ふたば〉的大福。悶熱的天氣時，會去三角州旁邊的〈ボンボンカフェ〉喝著啤酒納晚涼。

【出町ふたば】

在我從事創作繪本工作時的公司，就在〈出町ふたば〉附近。每天，為了去銀行或郵局，都必須穿越過排隊在〈出町ふたば〉前的人群才行。在出奇地沒有人排隊的時候，我買了一個豆大福，在可以眺望大文字五山其中四山的公司頂樓，享受著點心時間。

【柳月堂】

即使早餐、中餐、晚餐都吃〈柳月堂〉的麵包也不會覺得膩。傍晚時分等待我喜愛的、內餡包起士奶油的核桃麵包出爐，是我每天的樂趣。晚上9點左右，常會碰到在烤麵包房練習拉小提琴的老闆。從麵包店流洩出來的小提琴聲，就如同繪本中的世界般美好。

【わびすけ】

在月初，零用錢比較優渥的時候，我就會去享用〈わびすけ〉的馬鈴薯洋蔥午餐定食。價位是900日圓。對於學生以上、社會人士未滿的我而言，的確是有點奢侈的用餐。

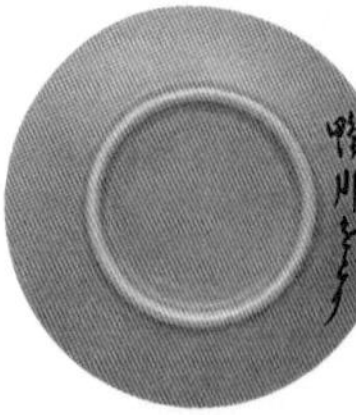

京都，日用品

現在覺得，無法實現的憧憬生活，就是「在京都生活」。數年前住在京都的日子，現在想起來就像是作夢般。每當工作的空檔或假日，就會隨意地騎著腳踏車到文惠社書店，之後再到六曜社或ソワレ等咖啡館和朋友會面。

春天的「都舞」，夏天的「祇園祭」和「大文字燒」，秋天的紅葉，嚴寒冬天的降雪。東京無法體會的季節變化，卻是京都生活中可以實際感受到的。在京都度過的那段時間，已經無法再重新來過，它也許也是我耀眼青春的最後一章。

有一天，看到名為「ｋｙｏｔｏ」的ＮＩＫＥ瑜珈鞋，第一眼就愛上了它，所以就買了下來。很喜歡它的名字和芭蕾舞鞋般的外型，有段時間每天都穿著它。就像電視裡「對了，就去京都吧！」的廣告詞一樣，我利用了一天的時間，穿著ｋｙｏｔｏ上了新幹線。

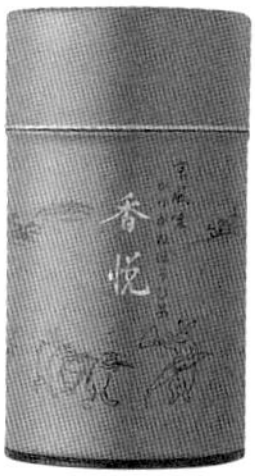

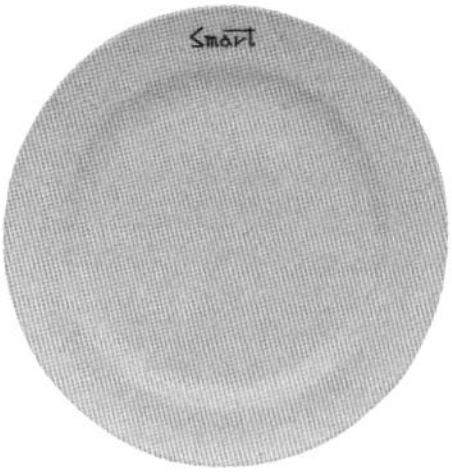

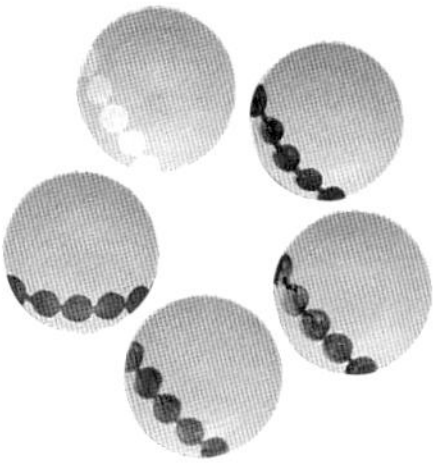

每個季節我都會造訪京都。工作以外的造訪目的，就只是為了要感受日常的生活而已。就像生活在京都的時候一樣，只是為了去平常會逛的店家買東西，只是為了想去咖啡館小憩一番，就去了京都。

那天也一樣，去了常去的店家買了常買的東西。平常會使用的物品，代表著對那樣物品的依戀。並非一定是要高價的東西，最好是有好幾個，可以慢慢買齊的東西。イノダコーヒ的平底燒水壺、ソワレ特有的大玻璃杯、在骨董店參加「都舞」茶會時贈送的紀念品、麻糬串的小碟子等，都是已經擁有好幾個了。每個都是，『我所憧憬的京都生活』的心愛物品。

增加・修正連載在『Ｐｏｏｋａ』「憧憬的購物」中的「京都，日用品」一文。

從上段右開始）鳥獸戲畫的蕎麥小杯子。「鴨川舞」和「京舞」的小碟。「都舞」的小碟。<スマート>的小碟。<柳桜園>的茶罐。從下段右開始）NIKE的鞋和<一澤帆布>的提袋。<イノダコーヒ>的平底燒水壺。<永楽屋>的手巾布提袋。<みすや>的大頭針。

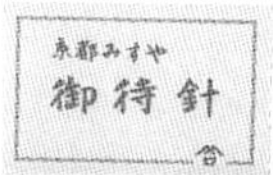

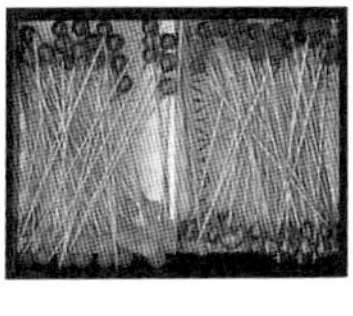

京都，單相思

為什麼是京都？我試著重新回想。

在大阪生活，是為了唸大學。才一入學，連語言和習慣的差異都還沒調整好，就已經決定「畢業後，我要馬上去東京工作」。但是，當畢業在即的時候，反而開始冷靜地省問自己「我現在去東京，究竟是要做什麼呢？」，後來決定先放棄東京，先搬到了京都。

從小時候就一直很嚮往東京，同樣的，也很嚮往畢業旅行時所造訪的京都。不同的是，東京是自己嚮往的工作場所，京都則是對它的歷史和文化、土地本身的魅力而深受感動。還在猶豫不決中，心想最後一定會去東京，所以就決定先前往自己所嚮往的土地，試著去「尋找自己」。

對於從小就懷抱著「想要成為文字創作者」夢想的我，父母親也贊成地說：「京都，是由歷史、文化、自然和人們的雙手創造出來的城市，是日本可以向全世界炫耀的城市。在那樣的城市生活看看也好，總有一天，你在那裡生活的經驗還可以化成文字呢」。

在京都的生活，雖只佔了我29年人生當中的兩年。但是，這兩年的時光即使往後再經過多久，我想都不會褪色的。

當決定要離開滿是朋友、回憶、喜愛的店家和場所的京都，是因為確信自己已經找到了想做的事情，充滿著自信和堅定。為了「創作憧憬、寫出憧憬」，所以告別了京都。

在京都，有一首常聽的歌曲。是友部正人的「もう春だね（春天已經來了）」，我常會哼著歌詞中的其中一段。雖然聽起來有點悲傷，但我很喜歡歌詞中，悲傷卻又樂觀的意境。

妳喜歡妳自己
我也喜歡我自己
天氣晴朗的星期一
搭公車到了動物園
春天已經來了
我現在都還記得
下著寒冷的雨的京都春天
妳
不喜歡一個人的生活
而我
不喜歡兩個人的生活
之後又過了兩年
已經是很久的事了

「もう春だね」

能夠在京都生活，真好。

即使現在已經離開，我還是很懷念。對於京都這個地方，在京都生活的時光，我的內心充滿著感謝。

京都的紀念品

因為工作或旅行，每個月都會前往京都。但是因為造訪的次數過於頻繁，還有時機與預算的因素，所以並不能每次都幫朋友帶適合的紀念品回來。

這個時候，我就會選擇俵屋旅館的香皂，或是免洗筷包裝的都之筷。將原本組合包裝的拆成單個，當作是紀念品。因為香皂或筷子，即使多拿了幾個也不會有困擾吧。

食物的話會選擇阿闍梨餅，QQ的咬感，很容易讓人愛上，我自己也每次都會買回家。

對年長的女性而言，就送廚房用方便的栗炭，男性的話就送鳥獸戲畫的手巾。

若是離新幹線搭車的時間還早，我會前往京都塔一樓的紀念品賣場，去尋找新鮮的玩意。有次吸引我目光的是，描繪著鹿的圖案的西陣織錢包組。當我送給在收集動物圖案雜貨的朋友時，她簡直是超乎想像的開心，所以自此之後，這樣物品就成為我送給年輕女生的特定紀念品了。

京都
俵屋
旅館
林万昌堂
平安京を偲ぶ

京都的紀念品

從右上開始 / <京都塔>西陣織的錢包組。<ギャラリー遊形>俵屋的肥皂。
<高山寺>鳥獸戲畫手巾。<林万昌堂>栗炭。<滿月>阿闍梨餅。
<市原平兵衛商店>都之筷。

出町ふたば（map1-1）
京都市上京區出町通リ今出川上ル青龍町236
TEL：075-231-1658
營業時間 8：30～17：30
公休日：週二、第四個週三

ベーカリー柳月堂（map1-2）
京都市左京區田中下柳町5-11（叡山電車出町柳車站東前）
TEL：075-781-5161
營業時間　7：30～22：20
公休日：週六

わびすけ（map2-3）
京都市上京區烏丸今出川上ル岡松町270-271
TEL：075-451-0667
營業時間　10：00～21：00
公休日：週日、假日

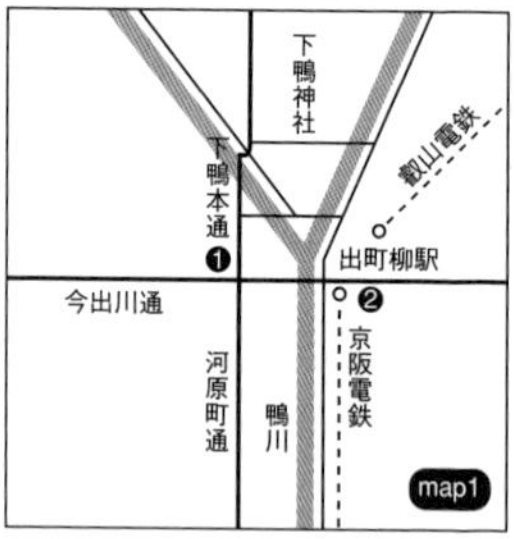

後記

「要不要創作關於京都的書呢？」當被詢問的時候，「啊，父親那時說的——總有一天在京都度過的時光可以化成文字——真的實現了」我發出了嘆息。嘆息，是在夢想實現的瞬間，也會發出的聲音呢！之後花了一年的時間，寫出了我的第一本書。

當寫完所有內容的現在，我好想馬上飛奔出門，到這些我朝思暮想的地方。

在〈京都塔〉地下的浴場享受泡湯後，再到嵐山的竹林散步。在〈京都みなみ會館〉，一整天觀賞東京已經下檔的電影也很有樂趣。〈萬樹〉的烏龍麵、〈青葉〉的台灣料理、〈柳野〉的咖啡、〈たかはし〉和蕎麥麵，我都想要好好品嘗一番。住宿，就到八坂神社前、充滿著少女情懷的〈東山ホテル〉住幾晚，邊聽著〈ＷＯＲＫ ＳＨＯＰ〉的老闆挑選的ＣＤ，邊度過安靜的夜晚。

決定要寫這本書的時候，我一個人、或和朋友、和攝影師，多的時候一個月內去了京都好幾次。當發現對生活在當地的人和去旅行的人，都是新鮮的事物時，就會集中所有精神去探索，但總是有種「我都已經看得這樣仔細了，它卻還是有很多隱藏在背後的魅力呢」的感嘆，讓我再再對京都感到折服。

這本書一定是我對京都的，毫無止盡探索的起點。

我要感謝指導我拙劣的原稿和取材事宜的山本秦代小姐，好幾次和我一起前往京都。對著反覆述說著「女孩子憧憬的東西，就是這個。憧憬的東西，就是現在這個視線前看到的東西」的我，按下快門的攝影師的米古享先生。對於「想要做出漂亮、可愛、打動人心的書」的我，設法幫我整理出一個雛形來的設計師橫須賀拓先生。在京都認識，之後一直一起合作工作的插畫家山本祐布子小姐，以「在我心裡，京都和MINORI是這個樣子的喔」的心境，幫我在封面和文章中附上了插畫。

還有幫我收集買來攝影用的點心，寄送到東京給我的六曜社地下店的奧野美穗子小姐。作為一個朋友、工作的前輩，給我許多建言的作家木村有子小姐。惠文社的能邨陽子小姐。Ｌｏｕｌｅ的所有工作人員。因為有這麼多人的協力幫忙，才能有這本書的完成，在此誠心地獻上我的感謝。

最後，我要感謝我的父母親、我的家人，謝謝你們的支持。

甲斐みのり

２００５年８月　於ホテルフジタ京都

参考文献

『京のみやげもん』淡交社編集局編（淡交社）
『祇園の教訓』岩崎峰子（幻冬舎）
『京のあたりまえ』岩上力（光村推古書院）
『MIYAKO』写像工房編（京都文化振興機構）
『そうだ京都、行こう。』淡交社編集局編（淡交社）
『歌集　酒ほがひ』吉井勇（短歌新聞社）
『京都のこころA to Z』木村衣有子（ポプラ社）
『京都・観光文化検定試験』京都商工会議所編（淡交社）
『京都おもしろウォッチング』赤瀬川原平（他）著／路上観察学会編（新潮社）
雑誌『月刊　京都』2000年1月号　特集「洋館に遊ぶ」（白川書院）
雑誌『月刊　京都』2001年8月号　特集「くつろぎの喫茶店」（白川書院）
雑誌『月刊　京都』2003年9月号　特集「文豪の愛した味」（白川書院）
雑誌『月刊　京都』2004年12月号　特集「ご利益を求めて」（白川書院）
雑誌『東京人』1990年1月号　特集「京都を知ったかぶりたい」（都市出版）
雑誌『太陽』1972年6月号　特集「美妓美酒一夜の夢　祇園」（平凡社）

雑誌『太陽』１９９０年３月号　特集「京都　まるごと美術館」（平凡社）
雑誌『太陽』１９９９年10月号　特集「京の裏道」（平凡社）
雑誌『ＢＲＵＴＵＳ』１９８９年10月号　特集「京都物見遊山繪圖」（マガジンハウス）
雑誌『ＧＱ』２００３年７月号　特集「京都のカウンター割烹に彼女が魅かれる理由。」（コンデナスト・ジャパン）

家圖書館預行編目資料

京都漫遊帖：12個月的愛戀記憶／甲斐みのり
作 ； 許懷文翻譯. -- 第一版. -- 臺北縣
新店市 ： 人人， 2008.03
面 ； 公分
ISBN 978-986-7112-65-1（平裝）

1. 遊記 2. 日本京都市

731.75219 97002790

都漫遊帖——12個月的愛戀記憶

者／甲斐みのり
譯／許懷文
編／人人出版編輯部
行人／周元白
版者／人人出版股份有限公司
址／23145台北縣新店市寶橋路235巷6弄6號7樓
話／（02）2918-3366（代表號）
真／（02）2914-0000
址／http://www.jjp.com.tw
政劃撥帳號／16402311 人人出版股份有限公司
版印刷／長城製版印刷股份有限公司
話／（02）2918-3366（代表號）
銷商／農學股份有限公司
話／（02）2917-8022
一版第一刷／2008年3月
價／新台幣280元
政院新聞局局版台業字第6124號

OTO ODEKAKE-CHO
Minori Kai